"十三五"工商管理类课程规划教材

U0681312

企业纳税实训教程

张 敏 主编

CORPORATE TAX

TRAINING COUSE

经济管理出版社
ECONOMY & MANAGEMENT PUBLISHING HOUSE

图书在版编目（CIP）数据

企业纳税实训教程/张敏编著. —北京：经济管理出版社，2016.8
ISBN 978-7-5096-4125-5

Ⅰ.①企… Ⅱ.①张… Ⅲ.①企业管理—税收管理—中国—教材 Ⅳ.①F812.423

中国版本图书馆 CIP 数据核字（2015）第 306036 号

组稿编辑：王光艳
责任编辑：许　兵
责任印制：司东翔
责任校对：赵天宇

出版发行：经济管理出版社
　　　　　（北京市海淀区北蜂窝 8 号中雅大厦 A 座 11 层　100038）
网　　址：www. E-mp. com. cn
电　　话：（010）51915602
印　　刷：三河市延风印装有限公司
经　　销：新华书店
开　　本：720mm×1000mm/16
印　　张：13.5
字　　数：220 千字
版　　次：2016 年 8 月第 1 版　　2016 年 8 月第 1 次印刷
书　　号：ISBN 978-7-5096-4125-5
定　　价：48.00 元

前　言

由于我国近年的财税政策改革频率较快，伴随着经济飞速发展，我国财税政策也进行了相应的改革。为适应高等职业教育改革的需要，适应财税政策改革，让优质教学资源得到更大范围的普及和推广，针对现行财税政策我们编写了《企业纳税实训教材》一书。本书紧跟经济发展步伐，依据最新税收法律制度，理论与实践相结合，力求突出以下特色：

1. 进一步紧密结合财税新政，使教材内容与时俱进

结合最新财税法律法规，引导学生了解税收领域的前沿热点。2013年"营改增"在全国范围内全面铺开，但"营改增"所涉及行业还在进一步扩大。在教材编写中我们既要立足现实情况，又要引导学生自主学习、独立操作，同时学会考虑问题的思路和方法。

2. 任务引领，突出教材工学结合特色

本书编写过程中，每个项目的第一部分先介绍实训所需的知识准备，在此基础上安排实训任务，再给出任务指导。项目一介绍企业纳税知识准备；项目二至项目六，分税种介绍企业纳税实务；项目七是模拟企业的综合纳税实训。本书强调以真实企业的真实工作任务将教学内容融合为一体，并以工作指导的形式引导学生完成全部教学内容的工作应用，缩短课堂教学与企业工作的距离。

3. 丰富学习资源，打造纸质教材与立体化教学资源完美结合的新型教材

涉税工作是企业的财务工作之一。为更好地帮助本书使用者熟悉企业涉税工作的计算和信息披露，必须建立立体化的教学资源。本书配有教学课件、案例指导等数字资源，以供教学，以及使用者自主学习使用。

需要说明的是，为了比较好地呈现学习内容，本书采用的是书面纳税申报的申报表格。与日益普及的网络纳税申报相比较，纳税申报表的结构可能会有一定差异，但实质内容并无差异，建议使用者以掌握涉税计算与纳税申报的本质为根本，不必过于纠结申报表的具体格式。

本书由大连职业技术学院张敏教授执笔并定稿。大连益盈益盛财务咨询有限公司的纪春媛女士提供了大量案例素材，以及宝贵的编写建议，在此表示诚挚的感谢。

本书可以用于高职会计专业、会计电算化等专业的实践教学，以及作为社会培训机构的培训用书，还可以满足会计从业人员自主学习。

近年来我国财税政策变化较快，加之作者水平有限，对各地方性的政策规定把握不是很到位，书中难免会出现一些错误和疏漏之处，恳请读者批评指正。

编　者

2015 年 9 月

目　录

项目一　企业纳税准备

知识准备

企业纳税准备工作，主要是对企业纳税基本知识、基本流程的认知，具体包括了解我国现行税收体系、企业纳税的基本程序等相关内容。项目一的知识结构图如图1-1所示。

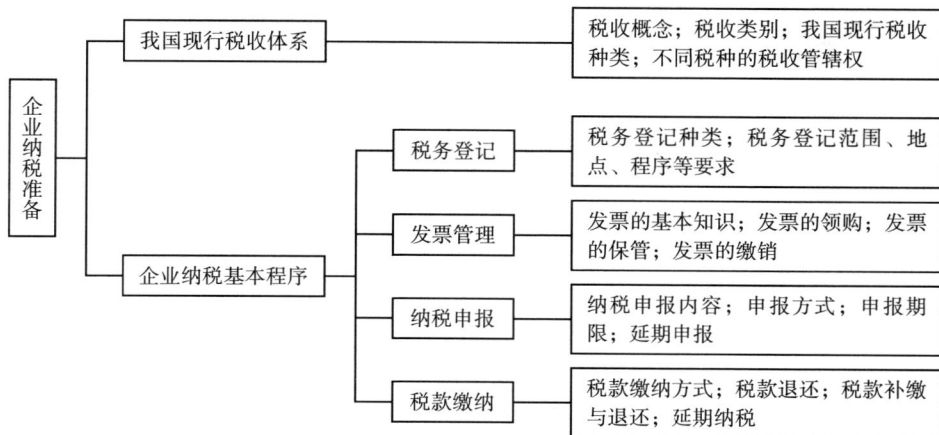

图1-1　项目一知识结构

一、现行税收体系

税收又称"赋税"、"捐税"等，是国家为了实现其职能，凭借政治权力，按照法律规定，强制地、无偿地参与社会剩余产品分配，以取得财政收入的一种规范形式。

我国现行的财政管理体制为分税制，税收收入按其征管和收入归属，分为中央税、地方税和中央与地方共享税，分别由国家税务系统和地方税务系统负责征收管理。

我国现行税收分类如表 1-1 所示。

表 1-1　我国现行税收分类

类别	税种	中央税	地方税	共享税	备注
流转税	增值税	√		√	海关代征的增值税为中央固定收入；其他为共享收入，中央与地方分成比例为 3∶1
	消费税	√			含海关代征的消费税
	营业税	√	√		铁道部门、各银行总行、各保险公司等集中缴纳的营业税为中央固定收入，其他为地方固定收入。2015 年底，"营改增"将覆盖全行业，届时营业税将退出历史舞台
所得税	企业所得税	√		√	铁道部门、各银行总行以及海洋石油企业缴纳的所得税为中央固定收入；其他为共享收入，中央与地方分成比例为 6∶4
	个人所得税	√		√	储蓄存款利息个人所得税为中央固定收入；其他为共享收入，中央与地方分成比例为 6∶4
财产税和行为税	房产税		√		
	车船税		√		
	印花税		√	√	证券交易印花税为共享收入，中央与地方分成比例为 94∶6；其他印花税为地方固定收入
	契税		√		
特定目的税	城市维护建设税	√	√		铁道部门、各银行总行、各保险公司等集中缴纳的城市维护建设税为中央固定收入；其他为地方固定收入
	土地增值税		√		
	耕地占用税		√		
	车辆购置税	√			
资源税	城镇土地使用税		√		
	资源税	√	√		海洋石油企业缴纳的部分作为中央固定收入；其他为地方固定收入
其他税	船舶吨税	√			仅对境外港口进入境内港口的船舶征税
	烟叶税		√		

二、企业纳税的基本程序

根据我国税收征管的有关法律、法规的规定，一般企业的纳税流程：纳税人开业前到税务机关办理纳税登记；税务机关根据税法规定对纳税人的纳税事项做出鉴定；纳税人发生纳税义务后，按期向税务机关进行纳税申报；税务机关对纳税申报进行审核；纳税人和税务机关计算应纳税额；纳税人按照纳税期限缴纳税款。

（一）税务登记

税务登记包括开业税务登记、变更税务登记、停业复业税务登记和注销税务登记等情形。

1. 开业登记

从事生产、经营的纳税人应当自领取营业执照之日起 30 日内主动依法向主管税务机关申报办理税务登记。税务机关应当自收到申报之日起 30 日内审核并发给税务登记证件。

自 2015 年 10 月 1 日起，全国各地的新设立企业、变更企业将领取由工商部门发放的加载法人和其他组织统一社会信用代码的营业执照，无需再由工商、质检、税务三部门分别核发工商营业执照、组织机构代码证和税务登记证。"三证合一、一照一码"的营业执照实行之后，相关的办事流程如图 1-2 所示。

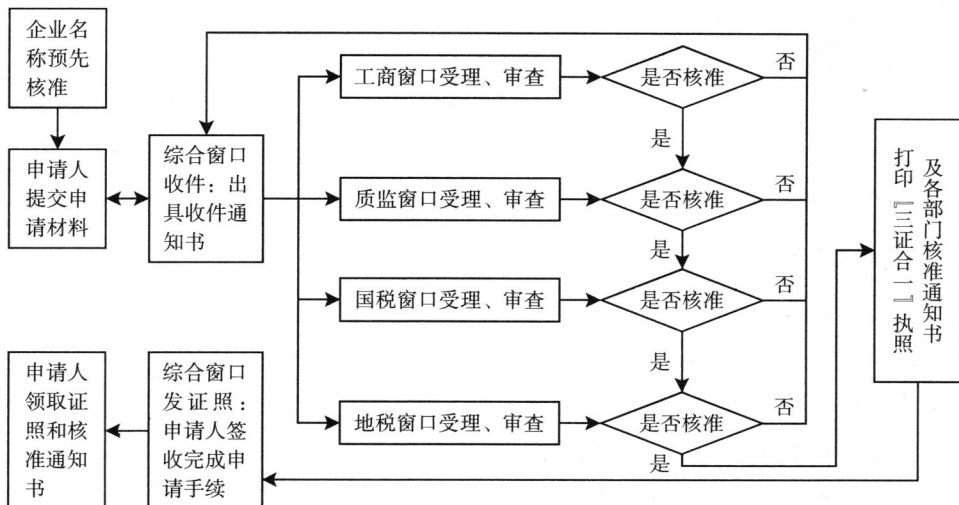

图 1-2 "三证合一"企业开业流程

纳税人因经济活动需要，可在申请设立时向市场监管部门、税务部门申请发放组织机构代码证和税务登记证副本；也可在领取"三证合一"营业执照后，持载"三证合一"的营业执照，向市场监管和税务部门申请增发组织机构代码证和税务登记证副本。

2. 变更登记

纳税人改变名称、法定代表人或者业主姓名、经济类型、经济性质、住所或经营地点（不涉及改变主管税务机关）、生产经营范围、经营方式、开户银行及账号等内容的，应当自工商行政管理机关办理变更登记之日起30日内持有关证件向原登记的税务机关申报办理变更税务登记。

（1）已实行"三证合一"登记的企业。对已实行"三证合一"登记的企业，以及符合"三证合一"登记条件，但在"三证合一"政策实施前已办理营业执照、组织机构代码证、税务登记证的企业，企业名称、法定代表人（负责人、执行事务合伙人、投资人）、注册资本（金）（仅限原股东同比例增减注册资本（金））、经营范围、营业期限（经营期限、合伙期限）发生变化的，实行"三证合一"登记制度。

（2）不适用"三证合一"登记的企业。已实行"三证合一"登记制度的企业，如果申请变更不适用于"三证合一"登记制度的事项时，按各登记机关原有程序和要求办理登记，工商行政管理机关收回原加载组织机构代码号、纳税人识别号的营业执照，重新核发只加载工商注册号的营业执照，质量技术监督部门核发组织机构代码证，国税局和地税局联合登记机构核发税务登记证。

原来未实行"三证合一"登记制度，申请变更也不适用于"三证合一"登记制度的，如果变更税务登记的内容涉及税务登记证件内容需作更改的，税务机关应当收回原税务登记证件，并按变更后的内容重新核发税务登记证件。变更税务登记流程如图1-3所示。

3. 停业、复业登记

纳税人经确定实行定期定额缴纳方式，其在营业执照核准的经营期限内需要停业的，应当向税务机关提出停业登记，并如实填写申请停业登记表。税务机关经过审核，或实地审查后，可责成申请停业的纳税人结清税款并收回税务登记证件副本、发票领购簿和发票，办理停业登记；对不便收回的发票，税务机关应当

申请（申请人）	受理	审核	发证	纳税人持新证及《变更核准通知书》及变更税务登记表到主管分局办理有关申报手续
纳税人自办理工商变更登记之日或有关部门批准变更之日起30日内，持工商营业执照（副本）、原税务登记证件（登记证正本和副本）、《企业变更登记核准通知书》或有关部门批准变更证件向发证税务机关申请	对符合变更条件、手续齐备的，发放并辅导其填写《变更税务登记表》	进行书面审核，必要时进行调查。对符合变更条件的，核发变更通知书	将变更资料录入电脑，缴销旧证，核发新《税务登记证》	
		不合格，则不予变更登记		

图 1-3 变更税务登记程序

就地予以封存。

纳税人应当于恢复生产、经营之前，向税务机关提出复业登记申请，经确认后，办理复业登记，领回或启用税务登记证件和发票领购簿及其领购的发票，纳入正常管理。

纳税人停业期满不能及时恢复生产、经营的，应当在停业期满前向税务机关提出延长停业登记，否则税务机关将视其为已恢复营业，实施正常的税收征收管理。纳税人停业期间发生纳税义务，应当及时向主管税务机关申报，依法补缴应纳税款。

4. 注销登记

纳税人发生解散、破产以及其他原因需注销登记的，应先办理税务登记注销，然后办理工商登记注销，最后办理组织机构代码注销。

（1）纳税人办理税务登记注销由税务部门负责受理，经税务机关清算同意注销税务登记后，出具《注销税务登记通知书》。

（2）纳税人持《注销税务登记通知书》和市场监督管理部门需要的其他资料，向市场监督管理部门申请注销工商登记，准予注销的，出具《注销营业执照通知书》，收回"三证合一"的营业执照正、副本。同时提供需要的其他资料，向窗口申请办理组织机构代码注销。

（二）发票管理

发票管理是指税务机关依法对发票印制、领购、开具、取得和保管的全过程所进行的组织、协调、监督等各项活动。

发票一般由税务机关统一设计式样，设专人负责印制和管理，并套印全国统一发票监制章。其中，增值税专用发票由国家税务总局确定的企业印制；普通发票分别由各省、自治区、直辖市国家税务局、地方税务局确定的企业印制。未经上述税务机关指定，任何单位和个人不得擅自印制发票。

1. 发票的领购

根据实际情况，税务部门对纳税人领购发票实行交旧领新、验旧领新、批量供应的方式。

已办理税务登记的纳税人，需要领取发票的，可向主管地税机关（办税服务厅）申请领购发票。

（1）纳税人首次领购发票需提供的资料。纳税人首次领购发票需提供购买发票申请和税务登记证（副本）原件及复印件。

（2）纳税人再次领购发票需提供的资料。纳税人再次领购发票需提供：①税务登记证（副本）原件及复印件；②《发票领购簿》；③发票验旧、交旧资料；④定额发票预征税款完税证明；⑤主管地税机关要求提供的其他资料。

2. 发票的开具和保管

（1）开具发票的一般规定。①发票只限于用票单位和个人自己填开使用，不得转借、转让和代开发票；未经主管税务机关批准不得拆本使用发票。②单位和个人只能购买和使用主管税务机关批准印制的发票，不得用"白条"和其他票据代替发票使用，也不得自行扩大发票的使用范围。③销售商品、提供服务以及从事其他经营活动的单位和个人，对外发生经营业务收取款项，收款方应向付款方开具发票；特殊情况下由付款方开具发票。④单位和个人填开发票时，必须按照规定的时限、号码顺序填开。填写时必须项目齐全、内容真实、字迹清楚，全份一次复写，并加盖发票专用章。用票单位和个人填错发票，应书写或加盖"作废"字样，并完整保存各联备查。⑤用票单位和个人丢失发票应当及时报告主管税务机关，并在报刊、电视等新闻媒介上公开声明作废，同时接受主管税务机关的处理。⑥一般纳税人填开增值税专用发票时，除遵循上述规定外，还要注意增值税专用发票的使用范围和开具时限。

另外，按照 2010 年 12 月国务院修订通过的《中华人民共和国发票管理办法》，国家推广使用网络发票管理系统开具发票。

（2）发票的保管。开具发票的单位和个人应当建立发票使用登记制度，并定期向主管税务机关报告发票使用情况；应当按照税务机关的规定存放和保管发票，不得毁损。已开具的发票存根联和发票登记簿应当保存 5 年。

（3）发票的缴销。发票缴销是指纳税人将从税务机关领取的发票交回税务机关查验并作废。

1）税务缴销。纳税人因变更或注销税务登记、发票换版、发票损毁等原因缴销发票的，税务机关需对纳税人领用的空白发票做剪角处理，同时将缴销记录登录在《发票领购簿》及发票综合管理信息系统中。

2）纳税人发生发票丢失、被盗的，应在 2 天内到当地新闻媒介公开作废声明，并领取、填写《发票缴销登记表》，同时提交发票遗失的证明材料、在当地新闻媒介公开的作废声明、《发票领购簿》等相关资料，向税务机关申请发票缴销。发票管理部门批准后，在《发票缴销登记表》及《发票领购簿》上签章并登记缴销记录，并在发票综合管理信息系统中登记缴销发票的信息。纳税人凭《发票业务受理回执》领取《发票领购簿》。

3）日常缴销。另外，根据发票管理办法规定，开具发票的单位和个人应当建立发票使用登记制度，并定期向主管税务机关报告发票使用情况。根据此规定，纳税人需采取验旧购新方式购买发票。

在验旧购新方式下，纳税人续购发票须持已使用完的发票存根、在规定期限内未使用或未使用完的发票及《发票领购簿》，向税务机关报验缴销。

（三）纳税申报

纳税申报是纳税人在发生纳税义务后，按照税务机关规定的内容和期限，向主管税务机关以书面报表的形式申明有关纳税事项及应纳税款所履行的法定手续，也是基层税务机关核定应纳税额和填开纳税凭证的主要依据。

1. 纳税申报主体

应当正常履行纳税义务的纳税人、应当履行扣缴税款义务的扣缴义务人，以及依法享受减税、免税待遇的纳税人和临时取得应税收入或发生应税行为的纳税人，都应该依法履行纳税申报手续，在规定的期限内向主管税务机关办理纳税申报手续，填写纳税申报表。

2. 纳税申报内容

纳税申报的内容包括两个方面，一是纳税申报表或者代扣代缴、代收代缴报告表；二是纳税申报的有关资料和证件。

3. 纳税申报方式

目前，最常见的纳税申报方式是网络申报。除此之外，还有窗口申报、邮寄申报等方式。

4. 纳税申报期限与延期申报

（1）纳税申报的期限是指纳税人按照税法规定缴纳税款的最后期限。比如，企业所得税在月份或者季度终了后 15 日内预缴，年度终了后 5 个月内汇算清缴，多退少补；增值税申报期限分别为 1 日、3 日、5 日、10 日、15 日、1 个月或者 1 个季度。纳税人的具体纳税期限，由主管税务机关根据纳税人应纳税额的大小分别核定；不能按照固定期限纳税的，可以按次纳税。

纳税人办理纳税申报的期限是最后一日，如遇公休、节假日的，可以顺延。

（2）延期办理纳税申报。纳税人、扣缴义务人不能按期办理纳税申报或报送代扣代缴、代收代缴税款报告表的，经税务机关核准，可以延期申报。纳税人、扣缴义务人因不可抗力情形，不能按期办理纳税申报或报送代扣代缴、代收代缴税款报告表的，经税务机关核准，可以延期办理。但是在不可抗力情形消除后应立即向主管税务机关报告。

（四）税款缴纳

纳税人在纳税申报后，应按照法定的方式、期限将应纳税款解缴入库，这是纳税人履行纳税义务的标志。

1. 税款缴纳方式

税款缴纳方式有自核自缴、查账核定征收、查定征收、定期定额征收、代扣代缴税款、代收代缴税款、预缴税款、定额贴花、补税、扣缴税款等。

2. 税款补缴与退还

由于纳税人、扣缴义务人计算错误等失误，未缴或者少缴税款数额在 10 万元以内的，自税款所属期起 3 年内发现的，应当立即向主管税务机关补缴税款。数额在 10 万元以上的，自税款所属期起在 10 年内发现的，应当立即向主管税务机关补缴税款。因国家税务机关责任致使纳税人、扣缴义务人未缴或少缴税款的，自税款所属期起 3 年内发现的，应当立即向主管税务机关补缴税款，但不缴滞纳金。

纳税人超过应纳税额向国家税务机关缴纳的税款，自结算缴纳税款之日起 3 年内发现的，可以向主管税务机关提出退还税款书面申请报告，经国家税务机关核实后，予以退还。

纳税人享受出口退税及其他退税优惠政策的，应当按照规定向主管税务机关申请办理退税。

3. 延期纳税

纳税人应按规定期限缴纳税款。但是因为纳税人有特殊困难，不能按期缴纳税款的，可以在纳税期限之前，向主管税务机关书面申请延期纳税，但最长不得超过 3 个月。

任务一　税务登记及税务登记证的使用

大连 KD 商贸有限公司位于沙河口区柳河路 12 号，占地 3000 平方米，注册资本 80 万元，主要从事副食品的批发零售。公司有一栋办公楼，一个仓库，现有员工 50 人。该公司 2015 年初取得工商行政管理部门颁发的营业执照，开始正式营业。

由于新厂开张，事务繁杂，企业一直没有进行税务登记。企业法人代表颜丽认为，工商部门已经批准企业开业了，说明企业是合法经营，税务登记早点晚点没关系。2015 年 8 月 1 日，税务部门到该企业进行税务检查，认为该企业未按规定进行税务登记，构成税收违法，应予处罚。

【问题 1】颜丽的想法错在哪里？

按照税务机关的要求，大连 KD 商贸有限公司办理了税务登记，取得了税务登记证，主管税务机关在办税员卞通领取税务登记证时告知，税务登记证要妥善保管，并按期进行验证和换证。但是，卞通在一次办理涉税事项途中，不慎将装有税务登记证副本的档案袋丢失。他认为，副本丢失不要紧，企业还有税务登记证的正本，自己复印一份就可以了。

【问题2】卞通的想法正确吗？

任务二　发票的领购与使用

大方贸易商行办理工商、税务登记后开始投入生产运营。因公司刚开始经营，财务部门工作尚未完全步入正轨。一天，有人上门推销发票，说是自己的公司倒闭了，购买的发票还没用完，不想浪费所以想低价转让。财务主管认为买了这些发票就可以省去购买发票的时间了，于是就买了三本普通发票。然而，企业在使用发票过程中，取票单位在发票验证过程中发现问题，要求大方贸易商行重新开具发票的过程中双方产生了纠纷，并因此闹到了税务机关。

税务机关认为该公司违法，对其开出《税务行政处罚告知书》，责令其限期改正，并决定处以罚款。

【问题】该公司错在哪里？

任务三　购买（消费）发票的取得

随着团购网站的兴起，精打细算的丽丽和朋友们都养成了团购的习惯。不过时间长了，丽丽发现团购是很便宜，但要发票却很难，团购不给发票已成商家的潜规则。

丽丽曾试着索取发票，商家称团购就是赔钱赚吆喝，本来就不赚钱，不可能再提供发票；再说了，网上团购是网站收的钱，要开发票也应该是网站开。而团购网站则认为，团购网只是一个推广平台，没有开发票的资质。消费者的钱是交给了网站，但最后大部分都给了商家。所以，应该是商家开发票。

【问题】团购的发票，到底应该由谁开具？

课后训练

1. 单位的税务登记证不小心遗失该怎么办？

2. 在实际工作中，哪些情况下发票需要做作废处理？

3. 个体工商户是否需要建账，有何要求？

项目二　增值税纳税申报

知识准备

增值税是对在我国境内销售货物，提供加工、修理修配劳务，提供应税服务以及进口货物的单位和个人，就其取得的货物或应税劳务的销售额以及进口货物的金额计算税款，并进行税款抵扣的一种流转税。项目二的知识结构如图 2-1 所示。

一、纳税义务人

根据《中华人民共和国增值税暂行条例》及其实施细则，以及"营改增"相关政策规定，凡是在我国境内销售货物、进口货物、提供应税劳务或者提供应税服务的单位和个人，都是增值税的纳税义务人。根据纳税人生产规模的大小和财务会计核算是否健全，增值税纳税人可以划分为一般纳税人和小规模纳税人。

（一）小规模纳税人认定及管理

根据规定，凡符合下列条件的视为小规模纳税人：

其一，从事货物生产或提供应税劳务的纳税人，以及以从事货物生产或提供劳务为主，并兼营货物批发或零售的纳税人，年应税销售额在 50 万元（含）以下的。

其二，从事货物批发或零售的纳税人，年应税销售额在 80 万元（含）以下的。

			按照生产规模大小和财务会计核算是否健全，划分为一般纳税人和小规模纳税人
	增值税基础	增值税纳税人	
		增值税征税范围	一般规定、视同销售、混合销售和兼营行为
		税率和征收率	一般纳税人适用税率：17%、13%、11%、6%和0；小规模纳税人适用3%的征收率

```
增值税知识准备
  ├─ 增值税基础
  │    ├─ 增值税纳税人 ── 按照生产规模大小和财务会计核算是否健全：划分为一般纳税人和小规模纳税人
  │    ├─ 增值税征税范围 ── 一般规定、视同销售、混合销售和兼营行为
  │    └─ 税率和征收率 ── 一般纳税人适用税率：17%、13%、11%、6%和0；小规模纳税人适用3%的征收率
  ├─ 增值税计算
  │    ├─ 一般纳税人 ── 当期应纳税额＝当期销项税－当期进项税
  │    │              ── 销项税额确定：销售额×适用税率 1. 销售额为不含税销售额；2. 包含视同销售销售额；3. 包含价外费用（通常为含税价，需要转化成不含税价）
  │    │              ── 进项税额确认条件：1. 用途符合税收规定；2. 取得增值税扣税凭证；3. 符合抵扣时限要求
  │    └─ 小规模纳税人 ── 当期应纳税额＝销售额×征收率。小规模纳税人二级核算，不确认进项税、销项税
  └─ 增值税申报
       ├─ 纳税义务时间：通常与会计制度一致
       ├─ 纳税期限：1日、3日、5日、10日、15日和1个月。以1个月为纳税期限的，次月15日前完成纳税申报
       ├─ 纳税地点：实行"就地纳税"原则，有具体规定
       └─ 纳税申报：一般纳税人，小规模纳税人
```

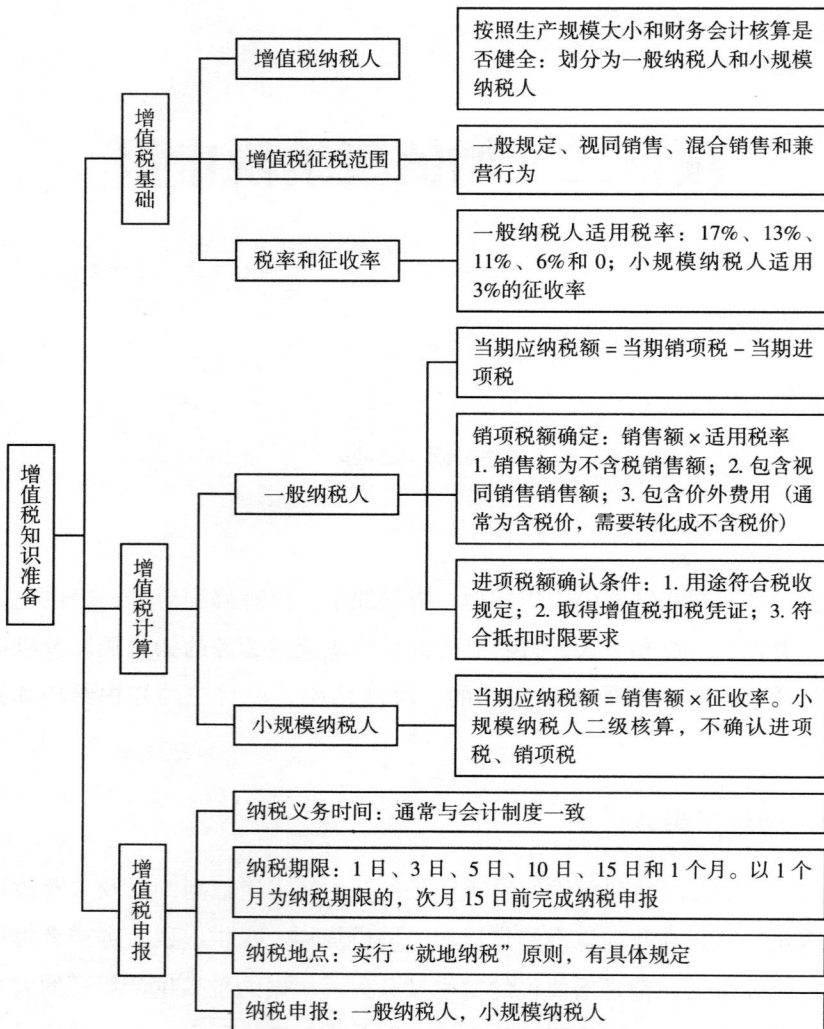

图 2-1 项目二知识结构

其三，从事应税服务的纳税人，在"营改增"试点实施前，应税服务年销售额在 500 万元以下的。

其四，个人无论年销售额是否达标，一律视同小规模纳税人；非企业性单位、不经常发生增值税应税行为的企业，可选择按小规模纳税人纳税。

小规模纳税人实行简易方法征收增值税，一般不使用增值税专用发票。能够认真履行纳税义务的小规模纳税人，经县（市）税务局批准，可在一定期限内由

其主管税务机关代开增值税专用发票；对于年应税销售额未达到规定标准，但能够进行准确会计核算的企业，经企业申请、主管税务机关批准，也可以成为一般纳税人。

（二）一般纳税人的认定及管理

根据规定，一般纳税人的认定范围如下：

其一，年应税销售额超过小规模纳税人标准的，会计核算健全，能够提供准确的税务资料的企业和企业性质的单位，应当向主管税务机关申请一般纳税人资格。

其二，年应税销售额未超过小规模纳税人标准，以及新开业的纳税人，可以向主管税务机关申请一般纳税人资格认定。

对提出申请并且同时符合下列条件的纳税人，主管税务机关应当为其办理一般纳税人资格认定：①有固定的生产经营场所；②能够按照国家统一的会计制度规定设置账簿，根据合法、有效凭证核算，能够提供准确税务资料。

其三，下列纳税人不办理一般纳税人资格认定：①个体工商户以外的其他个人；②选择按照小规模纳税人纳税的非企业性单位；③选择按照小规模纳税人纳税的不经常发生应税行为的企业。

除国家税务总局另有规定外，纳税人一经认定为一般纳税人后，不得转为小规模纳税人。

经税务机关审核认定的一般纳税人，可按增值税税法规定计算应纳税额，并使用增值税专用发票。

新认定为一般纳税人的小型商贸批发企业和国家税务总局规定的其他一般纳税人，需要主管税务机关在一定期限内实行纳税辅导期管理。在辅导期，一般纳税人实行"先比对，后抵扣"，即当月认证的增值税进项发票当月不能抵扣，要通过防伪税控系统将认证信息上传至国家税务总局进行比对，比对无误的信息由国家税务总局下发，然后纳税人收到主管税务机关提供的比对无误的信息结果后方可抵扣（一般在认证的下月可以收到比对结果）。

新认定为一般纳税人的小型商贸批发企业实行纳税辅导期管理的期限为 3 个月；其他一般纳税人实行纳税辅导期管理的期限为 6 个月。

主管税务机关对辅导期纳税人实行限量限额发售专用发票：领购专用发票的

最高开票限额不得超过 10 万元，每次发售专用发票数量不得超过 25 份。领购的专用发票未使用完而再次领购的，主管税务机关发售专用发票的份数不得超过核定的每次领购专用发票份数与未使用完的专用发票份数的差额。辅导期纳税人一个月内多次领购专用发票的，应从当月第二次领购专用发票起，按照上一次已领购并开具的专用发票销售额的 3%预缴增值税，未预缴增值税的，主管税务机关不得向其发售专用发票。

二、增值税征税范围

"营改增"试点实施以后，增值税征收范围包括在我国境内销售货物、提供应税劳务、提供应税服务以及进口货物。

（一）增值税征税范围的一般规定

下列行为属于增值税征税范围：在境内销售货物；在境内提供加工、修理修配劳务；在境内提供应税服务；进口货物。

（二）视同销售行为

单位和个体经营者的下列行为，视同销售货物，应当缴纳增值税：将货物交付其他单位或个人代销；销售代销货物；设有两个以上机构并实行统一核算的纳税人，将货物从一个机构移送其他机构用于销售，但相同机构设在同一县（市）的除外；将自产、委托加工的货物用于非应税项目；将自产、委托加工的货物用于集体福利或个人消费；将自产、委托加工或购买的货物作为投资，提供给其他单位或个体经营者；将自产、委托加工或购买的货物分配给股东或投资者；将自产、委托加工或购买的货物无偿赠送他人。

（三）混合销售行为和兼营行为

1. 混合销售行为

一项销售行为如果既涉及货物又涉及非增值税应税劳务，为混合销售行为。从事货物的生产、批发或者零售的企业、企业性单位和个体工商户的混合销售行为，视为销售货物，应当缴纳增值税；其他单位和个人的混合销售行为，视为销售非增值税应税劳务，不缴纳增值税。

纳税人发生混合销售行为，应当分别核算货物的销售额和非增值税应税劳务的营业额，并根据其销售货物的销售额计算缴纳增值税，非增值税应税劳务的营业额不缴纳增值税；未分别核算的，由主管税务机关核定其货物的销售额。

2. 兼营非应税劳务行为

纳税人的经营范围既包括销售货物和应税劳务，又包括提供非应税项目的，属于兼营非应税劳务。

增值税纳税人兼营非应税劳务，应分别核算货物或应税劳务和非应税项目的销售额。如果不分别核算或者不能准确核算货物或应税劳务的销售额和非应税劳务营业额的，其非应税劳务应与货物或应税劳务一并征收增值税。

3. 兼营不同税率的货物、应税劳务或应税服务

纳税人的经营范围涉及适用不同税率的增值税应税项目，为兼营不同税率的货物、应税劳务或应税服务。

纳税人兼营不同税率的货物或者应税劳务，应当分别核算不同税率货物或者应税劳务的销售额；未分别核算销售额的，从高适用税率。

（四）属于增值税征税范围的特殊项目

银行销售的金银，应当征收增值税。

典当业销售的死当物品和寄售商店代销的寄售物品，均应征收增值税。

货物期货（包括商品期货和贵金属期货），应当征收增值税，并在期货的实物交割环节纳税。

三、税率和征收率

（一）税率

我国现行增值税设置有 17%、13%、11%、6%和 0 等几档税率。

1. 17%税率

一般纳税人销售货物或者进口货物，提供加工、修理修配劳务，一般适用基本税率，基本税率为 17%。

现代服务业中的提供有形动产租赁，也适用 17%税率。

2. 13%税率

一般纳税人销售或者进口下列货物，按 13%计征增值税：农业产品，农业初级产品，食用植物油，自来水，居民用煤炭制品，饲料，农药，农机，食用盐，图书、报纸、杂志，音像制品，电子出版物等。

3. 11%税率

仅适用于"营改增"项目。交通运输服务业和邮政服务业适用11%税率。

4. 6%税率

仅适用于"营改增"项目。除交通运输服务业和邮政服务业外，其他现代服务业均适用6%的增值税税率。

5. 零税率

纳税人出口货物，税率为零。但是国务院另有规定的除外。

（二）征收率

1. 小规模纳税人

小规模纳税人增值税征收率为3%。

2. 一般纳税人的特定项目

从2014年7月1日起，县级及县级以下小型水力发电单位生产的电力；建筑用和生产建筑材料所用的沙、土、石料；以自己采掘的沙、土、石料或其他矿物连续生产的砖、瓦、石灰；用微生物、微生物代谢产物、动物毒素、人或动物的血液或组织制成的生物制品，以及自来水等特定一般纳税人销售下列自产货物，可以选择适用3%的征收率。

纳入"营改增"试点范围的一般纳税人提供的公共交通运输服务、有形动产为标的物提供的经营租赁服务、动漫服务、电影放映服务、仓储服务、装卸搬运服务和收派服务、语音通话服务、电子数据和信息的传输服务，纳税人可以选择简易办法征收增值税。

一般纳税人选择简易办法，36个月不得变更，不得抵扣进项税额，但可以按征收率开具增值税专用发票。

3. 特定一般纳税人销售自己使用过的固定资产

一般纳税人销售自己使用过的，属于增值税暂行条例规定不得抵扣且未抵扣进项税额的固定资产，适用简易办法按3%的征收率，减按2%征收增值税。

四、增值税计算

（一）增值税计算

一般纳税人采用"抵扣制"计算应纳增值税税额。

应纳税额＝销项税－进项税

1. 销项税额的计算

销项税额是指纳税人销售货物或者提供应税劳务，按照销售额或应税劳务收入和规定的税率计算并向购买方收取的增值税税额。销项税额的计算公式如下：

销项税额＝销售额×适用税率

销售额是指纳税人销售货物或者提供应税劳务向购买方（承受应税劳务方）收取的全部价款和价外费用，但是不包括收取的销项税额。

实务工作中，采取直接收款方式销售货物，不论货物是否发出，均为收到销售额或取得索取销售额的凭据，并将提货单交给买方的当天为销项税的不确认时间；采取托收承付和委托银行收款方式销售货物，为发出货物并办妥托收手续的当天；纳税人发生视同销售货物的行为，为货物移送的当天。

2. 进项税的确认

一般纳税人购进货物、接受加工修理修配劳务、应税服务（交通运输业和部分现代服务业），凡同时具备以下三个条件的，可将其承担的税额作为进项税额申报抵扣：

（1）用途符合税收规定。一般情况下，一般纳税人将购进货物、接受应税劳务和应税服务，用于增值税应税项目的生产、经营、管理的，可以凭增值税扣税凭证计算抵扣进项税额。

但是，下列项目的进项税额，不得从销项税额中抵扣：

1）用于适用简易计税方法计税项目、非增值税应税项目、免征增值税项目、集体福利或者个人消费（包括交际应酬消费）的购进货物、接受加工修理修配劳务或者应税服务，不得抵扣进项税额。

2）非正常损失的购进货物及相关的加工修理修配劳务和交通运输业服务，不得抵扣进项税额。

3）非正常损失的在产品、产成品所耗用的购进货物（不包括固定资产）、加工修理修配劳务或者交通运输业服务，不得抵扣进项税额。

4）接受的旅客运输服务，不得抵扣进项税额。

（2）取得增值税扣税凭证。增值税扣税凭证，是指增值税专用发票、海关进口增值税专用缴款书、农产品收购发票、农产品销售发票、铁路运输费用结算单据和税收缴款凭证。

1) 从销售方或者提供方取得的增值税专用发票（含货物运输业增值税专用发票、税控机动车销售统一发票，下同）上注明的增值税额。值得注意的是，原一般纳税人取得的试点小规模纳税人由税务机关代开的增值税专用发票，按增值税专用发票注明的税额抵扣进项税额。

2) 从海关取得的海关进口增值税专用缴款书上注明的增值税额。

3) 购进农产品，除取得增值税专用发票或者海关进口增值税专用缴款书外，按照农产品收购发票或者销售发票上注明的农产品买价和13%的扣除率计算的进项税额。

进项税额=买价×扣除率

买价，是指纳税人购进农产品在农产品收购发票或者销售发票上注明的价款和按照规定缴纳的烟叶税。

4) 接受境外单位或者个人提供的应税服务，从税务机关或者境内代理人处取得的解缴税款的中华人民共和国税收缴款凭证（以下称税收缴款凭证）上注明的增值税额。

纳税人凭税收缴款凭证抵扣进项税额的，应当具备书面合同、付款证明和境外单位的对账单或者发票；资料不全的，其进项税额不得从销项税额中抵扣。

根据《国家税务总局关于调整增值税扣税凭证抵扣期限有关问题的通知》（国税函〔2009〕617号）规定，进项税额申报抵扣期限为180天。

取得增值税专用发票（含货物运输业增值税专用发票、税控机动车销售统一发票），应在开具之日起180日内到税务机关办理认证，并在认证通过的次月申报期内，向主管税务机关申报抵扣进项税额。

实行海关进口增值税专用缴款书（简称海关缴款书）"先比对后抵扣"管理办法的一般纳税人取得海关缴款书，应在开具之日起180日内向主管税务机关报送《海关完税凭证抵扣清单》（包括纸质资料和电子数据）申请稽核比对；未实行海关缴款书"先比对后抵扣"管理办法的一般纳税人取得海关缴款书，应在开具之日起180日后的第一个纳税申报期结束以前，向主管税务机关申报抵扣进项税额。

值得注意的是，一般纳税人取得上述扣税凭证，未在规定期限内到税务机关办理认证、申报抵扣或者申请稽核比对的，不得作为合法的增值税扣税凭证，不得计算抵扣进项税额。

3. 计算期增值税进项税额大于销项税额的处理

由于增值税实行购进扣税法,有时企业当期购进的货物很多,在计算应纳税额时会出现当期销项税额小于当期进项税额的情况。根据税法规定,当期进项税额不足抵扣的部分可以结转下期继续抵扣。

4. 购进货物改变用途的规定

当期购进的货物或应税劳务,如果已经从当期的销项税额中予以抵扣,又改变用途的(即用于非应税项目、免税项目、集体福利或者个人消费和发生非正常损失),根据税法规定,应将该项购进货物或应税劳务的进项税额从当期发生的进项税额中扣减。

(二) 小规模纳税人增值税计算

小规模纳税人销售货物或者应税劳务,不实行抵扣制度,而是采用简易计税办法,按照销售额 3% 的征收率计算应纳税额,不得抵扣进项税额。应纳税额的计算公式:

应纳税额 = 销售额 × 征收率

此销售额为不含增值税的销售额。

五、纳税义务发生时间

现行税法对增值税纳税义务发生时间的规定与会计制度基本上是一致的,即按照权责发生制的原则,以销售实现时间为纳税义务发生时间:

采取直接收款方式销售货物的,不论货物是否发出,均为收到货款或取得索取货款的凭据,并将提货单交给买方当天。

采取托收承付和委托银行收款方式销售货物的,为发出货物并办妥托收手续当天。

采取赊销和分期收款方式销售货物的,为合同约定的收款日期当天。

采取预收货款方式销售货物的,为货物发出当天。

委托其他单位代销货物的,为收到代销单位开来代销清单当天。

销售应税劳务的,为提供劳务同时收讫货款或取得索取货款凭据当天。

纳税人发生视同销售货物行为的,为货物移送当天。

六、纳税期限

增值税的纳税期限分别为 1 日、3 日、5 日、10 日、15 日和 1 个月。各纳税人的具体纳税期限，由主管税务机关根据纳税人应纳税额的大小分别核定；不能按照固定期限纳税的，可以按次纳税。

纳税人以 1 个月为一期纳税的，自期满之日起 15 日内申报纳税；以 1 日、3 日、5 日、10 日、15 日为一期纳税的，自期满之日起 5 日内预缴税款，于次月 1 日起 15 日内申报纳税并结清上月应纳税款。

纳税人进口货物，应当自海关填发税款缴纳证的次日起 15 日内缴纳税款，逾期按日征收税款总额万分之五的滞纳金。

七、纳税地点

一般情况下，增值税实行"就地纳税"原则。

固定业户应当向其机构所在地主管税务机关申报纳税。总机构和分支机构不在同一县（市）的，应分别向各自所在地主管税务机关申报纳税，经国家税务总局或其授权的税务机关批准，可以由总机构汇总向总机构所在地主管税务机关申报纳税。

固定业户到外县（市）销售货物的，应当向其机构所在地主管税务机关申请开具外出经营活动税收管理证明，向其机构所在地主管税务机关申报纳税。未持有主管税务机关核发的外出经营活动税收管理证明的，应当向销售地主管税务机关申报纳税，一律按 6% 的征收率纳税；未向销售地主管税务机关申报纳税的，由机构所在地主管税务机关补征税款。

固定业户（指增值税一般纳税人）临时到外省、市销售货物，必须向经营地税务机关出示外出经营活动税收管理证明，回原地纳税，需要向购货方开具增值税专用发票的，回原地补开。

非固定业户销售货物或者提供应税劳务，应当向销售地主管税务机关申报纳税，未向销售地主管税务机关申报纳税的，由其机构所在地或居住地主管税务机关补征税款。

进口的货物，应当由进口人或其代理人向报关地海关申报缴纳增值税。

八、纳税申报

增值税一般纳税人和小规模纳税人采用不同的办法申报纳税。

（一）一般纳税人的纳税申报办法

一般纳税人按月申报，申报期为次月 1 日起至 15 日。纳税申报资料如下：

1. 必报资料

一般纳税人申报增值税必报资料包括增值税纳税申报表及增值税纳税申报表附列资料表一、表二、表三、表四；使用防伪税控系统的纳税人，必须报送记录当期纳税信息的 IC 卡（明细数据备份在软盘上的纳税人，还须报送备份数据软盘）、增值税专用发票存根联明细表及增值税专用发票抵扣联明细表；资产负债表和利润表；主管税务机关规定的其他资料。纳税申报实行电子信息采集的纳税人，除向主管税务机关报送上述资料的电子数据外，还需报送纸制的增值税纳税申报表（包括主表和附表）（适用一般纳税人）。

2. 附报资料

附报资料包括已开具的增值税专用发票和普通发票存根联；符合抵扣条件并且在本期申报抵扣的增值税专用发票抵扣联；海关进口货物完税凭证的复印件；收购凭证的存根联或备查联、收购农产品的普通发票复印件；代扣代缴税款凭证存根联；主管税务机关要求报送的其他资料。

备查资料是否需要在当期报送，由各省级国家税务局确定。经营规模大的纳税人，如上述附报资料较多，报送有困难的，经县级国家税务局批准，由主管国家税务机关派人到企业审核。

一般纳税人增值税申报表包括增值税纳税申报表主表、增值税纳税申报表附列资料一、增值税纳税申报表附列资料二、增值税纳税申报表附列资料三，以及税额抵扣情况表和固定资产进项税额抵扣情况表六张表格。

《增值税纳税申报表》按要求填写，一式两份，一份税务机关签章后收回作为申报凭证，另一份报税务机关。

实行网络申报的企业，也需要按税务机关要求，定期报送纸质申报表，并按规定存档保管。

九、防伪税控系统

增值税防伪税控系统由四个子系统构成：税务发行子系统、企业发行子系统、防伪开票子系统和认证报税子系统（认证和报税为两套软件，但必须装在同一台计算机中）。

其中，税务发行子系统的主要功能是对下级税务发行子系统、下级企业发行子系统及下级认证报税子系统进行发行；企业发行子系统的功能是对企业开票子系统进行初始发行和向企业发售专用发票；认证报税子系统的主要功能是接收企业的抄税数据并对发票的真伪进行辨别。以上三个子系统分别用于各级税务机关。防伪开票子系统则是专门用于企业开具专用发票，防伪税控开票子系统必须通过其主管防伪税控税务机关对其所持有的"税控 IC 卡和金税卡"进行发行后才能使用。

防伪税控开票子系统由插有企业开票金税卡和微机安全保护卡的普通 PC 计算机、税控 IC 卡、打印机和运行在 DOS 环境下的开票软件共同构成。企业开票金税卡是防伪税控系统的核心部件，它具有三个功能部件：加密功能部件、税控黑匣子、IC 卡读写接口。税控黑匣子具有大容量的存储功能，企业开具的发票数据被逐票存储于其中。增值税防伪税控系统防伪开票子系统税控 IC 卡是企业与税务机关传递信息的介质。除此以外，税控 IC 卡还具有以下作用：企业购买发票的凭证之一；传递企业所购发票的号码和张数；抄取企业纳税信息；进入防伪税控开票子系统的钥匙。

防伪税控企业利用防伪税控开票子系统开具发票时，该系统将利用防伪税控开票子系统提供的加密功能，将发票上主要信息（包括开票日期、发票号、购销双方的税务登记号、金额和税额），经数据加密形成防伪电子密码（也称密文）打印在专用发票上，同时也将加密的所有信息逐票登录在金税卡的黑匣子中。

防伪税控系统企业应在纳税申报期限内持抄有申报所属月份纳税信息的 IC 卡和备份数据软盘向主管税务机关报税。

防伪税控企业和未纳入防伪税控系统管理的企业取得的防伪税控系统开具的专用发票抵扣联，应据增值税有关扣税规定核算当期进项税额，如期申报纳税，属于扣税范围的，应报主管税务机关认证。

　　主管税务机关应在企业申报月份内完成企业申报所属月份的防伪税控专用发票抵扣联的认证。对因褶皱、揉搓等无法认证的加盖"无法认证"戳记，认证不符的加盖"认证不符"戳记，属于利用丢失、被盗金税卡开具的加盖"丢失被盗"戳记。认证完毕后，应将认证相符的和无法认证的专用发票抵扣联退还给企业，并同时向企业下达《认证结果通知书》。对认证不符和确认为丢失、被盗金税卡开具的专用发票，应及时组织查处。认证戳记式样由省级税务机关统一制定。

　　防伪税控企业应将税务机关认证相符的专用发票抵扣联连同《认证结果通知书》和认证清单一起按月装订成册备查。

　　经税务机关认证确定为"无法认证"、"认证不符"以及"丢失被盗"的专用发票，防伪税控企业如已申报扣税的，应调减当月进项税额。

任务一　小规模纳税人增值税纳税申报

　　大连华泽商贸有限公司有关背景资料如图 2–2 和图 2–3 所示。

图 2–2　企业法人营业执照

税务登记证

（副本）

大国、地税甘字 210211219456789 号

纳税人名称：大连华泽商贸公司

法人代表人（负责人）：刘元

地址：大连市甘井子区金柳路 168 号

登记注册类型：有限责任公司

经营范围：商贸（涉及行政许可的需凭许可证经营）

标准设立机关：大连市工商行政管理局

扣缴义务：依法确定

地税管理码：2414987

发证税务机关

二零一一年十月十二日

国家税务总局监制

总机构情况 （由分支机构填写）		
名称	增值税小规模纳税人	
纳税人识别碼		
地址		
经营范围		
分支机构设置 （由总机构填写）		
名称 地址		
名称 地址		
名称 地址		
名称 地址		

图 2-3　税务登记证

2014 年 10 月，该企业发生如下经济业务：

10 月 10 日，向国内生产企业大连金沙滩会展有限公司销售商品，取得全部价款 50000 元，通过税控系统开具增值税普通发票，如图 2-4 所示。

2102121440

全国统一发票监制章
大连市
国家税务总局监制

No02008712

记账联开票日期：2014 年 10 月 10 日

购货单位	名称：大连金沙滩会展有限公司 税务登记号：210203600322569 地址、电话：西岗区滨海中路 90 号 0411-83642599 开户银行及账号：农业银行 210203121236621071				密码区	*/+9*7856-0*+942127+> 37978><-+>><-495<>311 25<07**067*--<35<>+*/ +186-*2/55*/52-*0>>>1	加密版本:01 2102091140 00352542
货物或应税劳务名称	规格型号	单位	数量	单价	金额	税率	税额
书桌		张	1000	500.00	500000.00	17%	85000.00
椅子		把	1000	400.00	400000.00	17%	68000.00
合计					900000.00		153000.00
价税合计（大写）	⊗壹佰零伍万叁仟元整（小写）¥1053000.00						
销货单位	名称：大连华泽商贸有限公司 纳税人识别号：210211219456789 地址、电话：大连市甘井子区金柳路 168 号 84540000 开户银行及账号：大连银行金柳支行 800000208009866				备注		

收款人：　　　复核：　　　开票人：曲立立　　　销售单位：（章）：

图 2-4　大连市增值税普通发票

华泽商贸公司负担上述货物销售运费 1000 元，取得运输部门开具的货物运输业增值税专用发票，如图 2-5 所示。

1500134730

No00090401

记账联开票日期：2014 年 10 月 11 日

承运人及纳税人识别号	大连通达货运运输有限公司 210203600322569			密码区	03495/994*93>--84<0<>9413*9>69>30128/ 69>231-5*>8++8+6>>03076<</-<*3>0*0 *70749/8+08/5++*2*+5/66-+71>36+>3*1 1579/791/6442<959501-4><08>3703403>3			
实际受票方及纳税人识别号	大连华泽商贸有限公司 210211219456789							
收货人及纳税人识别号	大连金沙滩会展有限公司 210203600322569			发货人及纳税人识别号	大连华泽商贸公司 210211219456789			
起运地、经由、到达地		大连至大连						
费用项目及金额	费用项目金额 运费 900.90			运输货物信息	办公家具			
合计金额	¥1000.00	税率	11%	税额	99.10	机器编号	89900680368	
价税合计	⊗壹仟元整 （小写）¥1000.00							
车种车号		车船吨位		备注	货票号：H024589 123456789			
主管税务机关及代码	大连市国家税务局甘井子分局税源管理二科 11505900500							

收款人： 复核： 开票人：王丹丹 销售单位：（章）：

图 2-5 货物运输业增值税专用发票

【学习任务】填写小规模纳税人增值税纳税申报表主表、附表，如表 2-1 和表 2-2 所示。

表 2-1 增值税纳税申报表

(小规模纳税人适用)

纳税人识别号：☐☐☐☐☐☐☐☐☐☐☐☐☐☐☐☐☐☐

纳税人名称(公章)：　　　　　　　　　　　　　　　　　金额单位：元 (列至角分)

税款所属期：　年　月　日至　年　月　日　　　　　　　填表日期：　年　月　日

项目	栏次	本期数		本年累计	
		应税货物及劳务	应税服务	应税货物及劳务	应税服务
一、计税依据	(一) 应征增值税不含税销售额	1				
	税务机关代开的增值税专用发票不含税销售额	2				
	税控器具开具的普通发票不含税销售额	3				
	(二) 销售使用过的应税固定资产不含税销售额	4 (4≥5)		—		—
	其中：税控器具开具的普通发票不含税销售额	5		—		—
	(三) 免税销售额	6=7+8+9				
	其中：小微企业免税销售额	7				
	未达起征点销售额	8				
	其他免税销售额	9				
	(四) 出口免税销售额	10 (10≥11)				
	其中：税控器具开具的普通发票销售额	11				
二、税款计算	本期应纳税额	12				
	本期应纳税额减征额	13				
	本期免税额	14				
	其中：小微企业免税额	15				
	未达起征点免税额	16				
	应纳税额合计	17=12-13				
	本期预缴税额	18			—	—
	本期应补 (退) 税额	19=17-18			—	—

纳税人或代理人声明： 本纳税申报表是根据国家税收法律法规及相关规定填报的，我确定它是真实的、可靠的、完整的。	如纳税人填报，由纳税人填写以下各栏	
	办税人员：	财务负责人：
	法定代表人：	联系电话：
	如委托代理人填报，由代理人填写以下各栏	
	代理人名称 (公章)：	经办人：联系电话：

主管税务机关：　　　　　　　接收人：　　　　　　　接收日期：

表 2-2　增值税纳税申报表（小规模纳税人适用）附列资料

税款所属期：　年　月　日至　年　月　日　　　　　　　填表日期：　　年　月　日

纳税人名称（公章）：　　　　　　　　　　　　　　　　　金额单位：元（列至角分）

应税服务扣除额计算			
期初余额	本期发生额	本期扣除额	期末余额
1	2	3（3≤1+2 之和，且 3≤5）	4=1+2-3
应税服务计税销售额计算			
全部含税收入	本期扣除额	含税销售额	不含税销售额
5	6=3	7=5-6	8=7÷1.03

【学习指导】

（1）根据相关政策规定，大连华泽商贸有限公司系增值税小规模纳税人，按规定应填写增值税纳税申报表（小规模纳税人适用）及其附表。

（2）小规模纳税人销售商品适用 3%征收率，故：

销售商品不含税销售额 = 50000÷（1+3%）= 48543.69（元）

应缴纳增值税金额 = 50000÷（1+3%）×3% = 1456.31（元）

（3）小规模纳税人承担购货运费，既不涉及应交增值税，也无可抵扣事项，故该业务与企业应交增值税无关。

（4）增值税纳税申报表（小规模纳税人适用）附列资料反映应税服务扣除项目的扣除和计算，适用于"营改增"企业，本资料不涉及，故本题中增值税纳税申报表（小规模纳税人适用）附列资料为空表。

（5）填表说明。

增值税纳税申报表（小规模纳税人适用）及其附列资料填表说明

（1）第 1 栏"应征增值税不含税销售额"：录入应税货物及劳务、应税服务的不含税销售额，不包括销售使用过的应税固定资产和销售旧货的不含税销售额、免税销售额、出口免税销售额、查补销售额。应税服务有扣除项目的纳税人，应税服务列的该栏录入扣除后的不含税销售额，并与当期《增值税纳税申报表（小规模纳税人适用）附列资料》第 8 栏数据一致。

（2）第 2 栏"税务机关代开的增值税专用发票不含税销售额"：录入税务

机关代开的增值税专用发票销售额合计。

（3）第3栏"税控器具开具的普通发票不含税销售额"：录入税控器具开具的应税货物及劳务、应税服务的普通发票注明的金额换算的不含税销售额。

（4）第4栏"销售使用过的应税固定资产不含税销售额"：录入销售自己使用过的应税固定资产和销售旧货的不含税销售额，销售额＝含税销售额÷（1＋3%）。

（5）第5栏"税控器具开具的普通发票不含税销售额"：录入税控器具开具的销售自己使用过的应税固定资产和销售旧货的普通发票金额换算的不含税销售额。

（6）第6栏"免税销售额"：自动计算得出销售免征增值税的应税货物及劳务、应税服务的销售额，等于第7栏＋第8栏＋第9栏。

（7）第7栏"小微企业免税销售额"：录入符合小微企业免征增值税政策的免税销售额，不包括符合其他增值税免税政策的销售额，小微企业按系统原有范围规则确定。个体工商户和其他个人不录入此栏次。

（8）第8栏"未达起征点销售额"：录入个体工商户和其他个人未达起征点（含支持小微企业免征增值税政策）的免税销售额，不包括符合其他增值税免税政策的销售额，个体工商户和其他个人按系统原有范围规则确定。小微企业不得录入此栏次。

（9）第9栏"其他免税销售额"：录入销售免征增值税的应税货物及劳务、应税服务的销售额，不包括符合小微企业免征增值税和未达起征点政策的免税销售额。

（10）第10栏"出口免税销售额"：填写出口免征增值税应税货物及劳务、出口免征增值税应税服务的销售额。应税服务有扣除项目的纳税人，填写扣除之前的销售额。

（11）第11栏"税控器具开具的普通发票销售额"：填写税控器具开具的出口免征增值税应税货物及劳务、出口免征增值税应税服务的普通发票销售额。

（12）第12栏"本期应纳税额"：录入本期按征收率计算缴纳的应纳税额，自动计算得出，等于（第1栏＋第4栏）×3%征收率（注：逾期未申请认定增值税一般纳税人的则为第 1 栏×适用税率＋第 4 栏×征收率)，可以修改。

(13) 第 13 栏"本期应纳税额减征额"：录入纳税人本期按照税法规定减征的增值税应纳税额。包含可在增值税应纳税额中全额抵减的增值税税控系统专用设备费用以及技术维护费，可在增值税应纳税额中抵免的购置税控收款机的增值税税额，以及销售自己使用过的应税固定资产和销售旧货减征额、按年限额扣减税额。其中增值税税控系统专用设备费用以及技术维护费、购置税控收款机费用的抵减、抵免增值税应纳税额情况，需填报《增值税纳税申报表附列资料（四）》(税额抵减情况表) 予以反映。

当本期减征额小于或等于第 12 栏的值时，按本期减征额实际录入；当本期减征额大于第 12 栏的值时，按第 12 栏的值录入，并按销售自己使用过的应税固定资产和销售旧货减征额减征额、《增值税纳税申报表附列资料（四）》确认抵减税额、按年限额扣减税额的顺序进行处理，本期减征额不足抵减部分可结转下期继续抵减。

(14) 第 14 栏"本期免税额"：计算得出纳税人本期增值税免税额，等于第 6 栏"免税销售额"×征收率。

(15) 第 15 栏"小微企业免税额"：计算得出符合小微企业免征增值税政策的增值税免税额，等于第 7 栏"小微企业免税销售额"×征收率。

(16) 第 16 栏"未达起征点免税额"：计算得出个体工商户和其他个人未达起征点（含支持小微企业免征增值税政策）的增值税免税额，等于第 8 栏"未达起征点销售额"×征收率。

(17) 第 17 栏"应纳税额合计"：计算得出，等于第 12 栏－第 13 栏。

(18) 第 18 栏"本期预缴税额"：录入纳税人本期预缴的增值税额，包括开票预缴、异地缴纳税款、分支机构异地缴纳税款等，但不包括查补缴纳的增值税额。

(19) 第 19 栏"本期应补（退）税额"：自动计算得出，等于第 17 栏－第 18 栏。

(20)"本年累计"由系统按税款所属本年度内各月申报表"本月数"之和自动生成，系统原有处理规则不变。

任务二 一般纳税人增值税计算与申报

大连华丰商贸有限公司于 2011 年 10 月注册成立，系增值税一般纳税人，纳税人识别号：210211777700111，法人代表华峰。公司主要从事副食品、日用百货的批发零售。

企业相关背景资料如图 2-6 和图 2-7 所示。

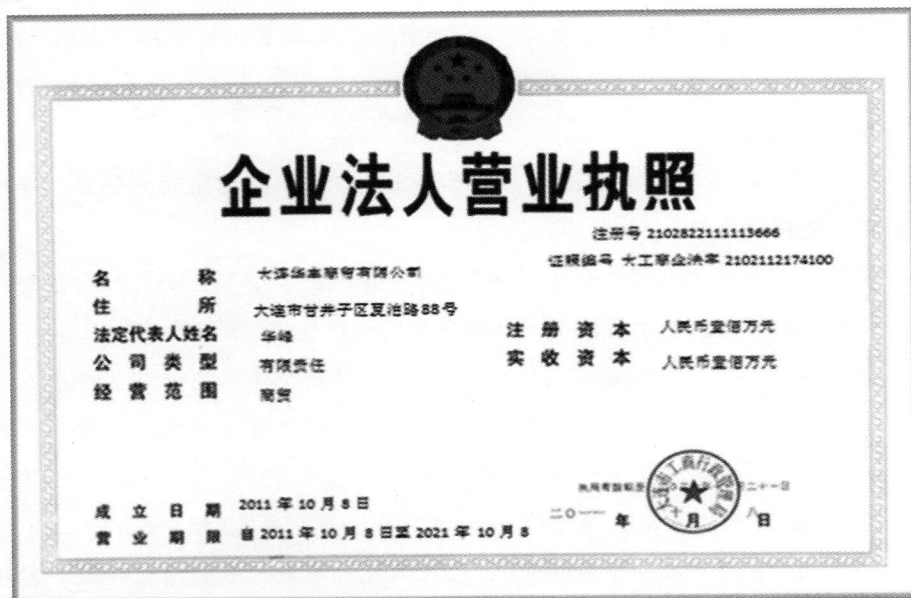

图 2-6　企业法人营业执照

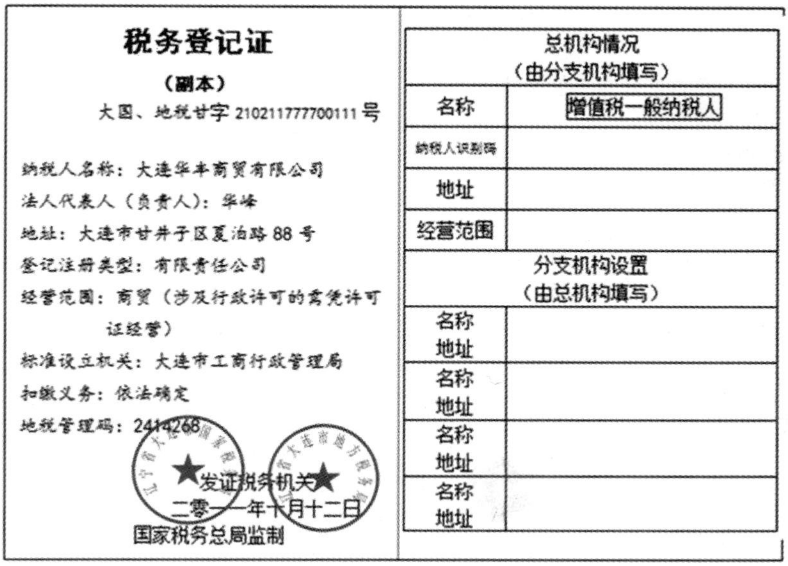

税务登记证

（副本）

大国、地税甘字 210211777700111 号

纳税人名称：大连华丰商贸有限公司

法人代表人（负责人）：华峰

地址：大连市甘井子区夏泊路 88 号

登记注册类型：有限责任公司

经营范围：商贸（涉及行政许可的需凭许可证经营）

标准设立机关：大连市工商行政管理局

扣缴义务：依法确定

地税管理码：2414268

发证税务机关

二零一一年十月十二日

国家税务总局监制

总机构情况（由分支机构填写）	
名称	增值税一般纳税人
纳税人识别码	
地址	
经营范围	
分支机构设置（由总机构填写）	
名称 地址	
名称 地址	
名称 地址	
名称 地址	

图 2-7 税务登记证

2014 年 10 月，该企业取得批发收入 25.6 万元，开具增值税专用发票，适用 17%税率，增值税额 4.352 万元；取得批发收入 5 万元，开具增值税专用发票，适用 13%税率；取得零售收入 6 万元，开具增值税普通发票，适用 17%税率；另取得 0.8 万元零售收入，消费者未索取发票。

同月，企业购进一批货物，取得的增值税专用发票注明价款 18 万元，适用 17%税率，销售方负责送货运费；另从农民手中购进一批农产品，开具的收购凭证注明收购价 5 万元，支付购货运费价税合计 0.222 万元，取得运输公司开具的增值税专用发票。同月，企业还购进一批现加工食品，支付价税合计 2.106 万元，对方开具增值税普通发票。

上述符合规定的发票均认证相符，并且已经申报抵扣。该企业无期初已认证相符未抵扣的增值税专用发票。

【学习任务】帮助企业进行增值税纳税申报，如表 2-3、表 2-4、表 2-5、表 2-6、表 2-7 和表 2-8 所示。

表 2-3 增值税纳税申报表
(一般纳税人适用)

根据国家税收法律法规及增值税相关规定制定本表。纳税人不论有无销售额，均应按税务机关核定的纳税期限填写本表，并向当地税务机关申报。

税款所属时间：自　年　月　日至　年　月　日

填表日期：　年　月　日　　　　　　　　　　　金额单位：元（列至角分）

纳税人识别号									所属行业：		
纳税人名称	大连华丰商贸有限公司		法定代表人姓名			注册地址		生产经营地址	略		
开户银行及账号	略		登记注册类型					电话号码	略		
项目		栏次	一般货物、劳务和应税服务				即征即退货物、劳务和应税服务			
			本月数		本年累计		本月数		本年累计	
销售额	（一）按适用税率计税销售额	1								
	其中：应税货物销售额	2								
	应税劳务销售额	3								
	纳税检查调整的销售额	4								
	（二）按简易办法计税销售额	5								
	其中：纳税检查调整的销售额	6								
	（三）免、抵、退办法出口销售额	7					—		—	
	（四）免税销售额	8					—		—	
	其中：免税货物销售额	9					—		—	
	免税劳务销售额	10					—		—	
税款计算	销项税额	11								
	进项税额	12								
	上期留抵税额	13								
	进项税额转出	14								
	免、抵、退应退税额	15					—		—	
	按适用税率计算的纳税检查应补缴税额	16								
	应抵扣税额合计	17=12+13-14-15+16					—		—	
	实际抵扣税额	18（如 17<11，则为 17，否则为 11）								
	应纳税额	19=11-18								
	期末留抵税额	20=17-18					—		—	
	简易计税办法计算的应纳税额	21								
	按简易计税办法计算的纳税检查应补缴税额	22								
	应纳税额减征额	23								
	应纳税额合计	24=19+21-23								

续表

项目		栏次	一般货物、劳务和应税服务		即征即退货物、劳务和应税服务	
			本月数	本年累计	本月数	本年累计
税款缴纳	期初未缴税额（多缴为负数）	25				
	实收出口开具专用缴款书退税额	26			—	—
	本期已缴税额	27=28+29+30+31				
	①分次预缴税额	28			—	—
	②出口开具专用缴款书预缴税额	29			—	—
	③本期缴纳上期应纳税额	30				
	④本期缴纳欠缴税额	31				
	期末未缴税额（多缴为负数）	32=24+25+26−27				
	其中：欠缴税额（≥0）	33=25+26−27			—	—
	本期应补（退）税额	34=24−28−29				
	即征即退实际退税额	35	—	—		
	期初未缴查补税额	36			—	—
	本期入库查补税额	37			—	—
	期末未缴查补税额	38=16+22+36−37			—	—
授权声明	如果你已委托代理人申报，请填写下列资料： 　　为代理一切税务事宜，现授权（地址）＿＿＿＿＿为本纳税人的代理申报人，任何与本申报表有关的往来文件，都可寄予此人。 　　　　　　　　授权人签字：			申报人声明	本纳税申报表是根据国家税收法律法规及相关规定填报的，我确定它是真实的、可靠的、完整的。 　　　　声明人签字：	

主管税务机关：　　　　　　　　接收人：　　　　　　　　接收日期：

表2-4 增值税纳税申报表附列资料（一）

（本期销售情况明细）

税款所属时间： 年 月 日至 年 月 日

纳税人名称：（公章）

金额单位：元（列至角分）

项目及栏次		开具税控增值税专用发票		开具其他发票		未开具发票		纳税检查调整		合计		价税合计 11=9+10	应税服务扣除项目 本期实际扣除金额 12	扣除后	
		销售额 1	销项(应纳)税额 2	销售额 3	销项(应纳)税额 4	销售额 5	销项(应纳)税额 6	销售额 7	销项(应纳)税额 8	销售额 9=1+3+5+7	销项(应纳)税额 10=2+4+6+8			含税(免税)销售额 13=11-12	销项(应纳)税额 14=13÷(100%+税率或征收率)×税率或征收率
一、一般计税方法计税	全部征税项目	17%税率的货物及加工修理修配劳务	1													—
		17%税率的有形动产租赁服务	2		—		—		—		—			—	—	—
		13%税率	3		—		—		—		—			—	—	—
		11%税率	4		—		—		—		—			—	—	—
		6%税率	5		—		—		—		—			—	—	—
	其中：即征即退项目	即征即退货物及加工修理修配劳务	6	—	—		—		—		—			—	—	—
		即征即退应税服务	7	—	—		—		—		—			—	—	—
二、简易计税方法计税	全部征税项目	6%征收率	8				—		—					—	—	—
		5%征收率	9											—	—	—
		4%征收率	10											—	—	—
		3%征收率的货物及加工修理修配劳务	11											—	—	—
		3%征收率的应税服务	12											—	—	—
		预征率 %	13											—	—	—
	其中：即征即退项目	即征即退货物及加工修理修配劳务	14	—										—	—	—
		即征即退应税服务	15	—										—	—	—
三、免抵退税		货物及加工修理修配劳务	16	—	—		—		—		—			—	—	—
		应税服务	17	—	—		—		—		—			—	—	—
四、免税		货物及加工修理修配劳务	18	—	—		—		—		—			—	—	—
		应税服务	19	—	—		—		—		—			—	—	—

表 2-5 增值税纳税申报表附列资料（二）
（本期进项税额明细）

税款所属时间：　年　月　日至　年　月　日

纳税人名称：（公章）　　　　　　　　　　　　　金额单位：元（列至角分）

一、申报抵扣的进项税额				
项目	栏次	份数	金额	税额
（一）认证相符的税控增值税专用发票	1=2+3			
其中：本期认证相符且本期申报抵扣	2			
前期认证相符且本期申报抵扣	3			
（二）其他扣税凭证	4=5+6+7+8			
其中：海关进口增值税专用缴款书	5			
农产品收购发票或者销售发票	6			
代扣代缴税收缴款凭证	7		—	
运输费用结算单据	8			
	9	—	—	—
	10	—	—	—
（三）外贸企业进项税额抵扣证明	11	—		
当期申报抵扣进项税额合计	12=1+4+11			
二、进项税额转出额				
项目	栏次		税额	
本期进项税转出额	13=14至23之和			
其中：免税项目用	14			
非应税项目用、集体福利、个人消费	15			
非正常损失	16			
简易计税方法征税项目用	17			
免抵退税办法不得抵扣的进项税额	18			
纳税检查调减进项税额	19			
红字专用发票通知单注明的进项税额	20			
上期留抵税额抵减欠税	21			
上期留抵税额退税	22			
其他应作进项税额转出的情形	23			
三、待抵扣进项税额				
项目	栏次	份数	金额	税额
（一）认证相符的税控增值税专用发票	24	—	—	—
期初已认证相符但未申报抵扣	25			
本期认证相符且本期未申报抵扣	26			
期末已认证相符但未申报抵扣	27			
其中：按照税法规定不允许抵扣	28			

三、待抵扣进项税额				
项目	栏次	份数	金额	税额
（二）其他扣税凭证	29=30至33之和			
其中：海关进口增值税专用缴款书	30			
农产品收购发票或者销售发票	31			
代扣代缴税收缴款凭证	32		—	
运输费用结算单据	33			
	34			
四、其他				
项目	栏次	份数	金额	税额
本期认证相符的税控增值税专用发票	35			
代扣代缴税额	36		—	

表2-6　增值税纳税申报表附列资料（三）

（应税服务扣除项目明细）

税款所属时间：　年　月　日至　年　月　日

纳税人名称：（公章）　　　　　　　　　　　　　　　　　金额单位：元（列至角分）

项目及栏次	本期应税服务价税合计额（免税销售额）	应税服务扣除项目				
		期初余额	本期发生额	本期应扣除金额	本期实际扣除金额	期末余额
	1	2	3	4=2+3	5（5≤1且5≤4）	6=4-5
17%税率的有形动产租赁服务						
11%税率的应税服务						
6%税率的应税服务						
3%征收率的应税服务						
免抵退税的应税服务						
免税的应税服务						

表2-7　增值税纳税申报表附列资料（四）

（税额抵减情况表）

税款所属时间：　年　月　日至　年　月　日

纳税人名称：（公章）　　　　　　　　　　　　　　　　　金额单位：元（列至角分）

序号	抵减项目	期初余额	本期发生额	本期应抵减税额	本期实际抵减税额	期末余额
		1	2	3=1+2	4≤3	5=3-4
1	增值税税控系统专用设备费及技术维护费					

续表

序号	抵减项目	期初余额	本期发生额	本期应抵减税额	本期实际抵减税额	期末余额
		1	2	3=1+2	4≤3	5=3-4
2	分支机构预征缴纳税款					
3						
4						
5						
6						

表 2-8 固定资产进项税额抵扣情况表

纳税人名称（公章）：　　　　填表日期：　　年　月　日　　　金额单位：元（列至角分）

项 目	当期申报抵扣的固定资产进项税额	申报抵扣的固定资产进项税额累计
增值税专用发票		
海关进口增值税专用缴款书		
合计		

【学习指导】

（1）根据相关政策规定，该企业系增值税一般纳税人，应按抵扣制凭符合规定的票据抵扣增值税进项税额。

（2）该企业应确认的销项税额不取决于是否开具增值税专用发票，而是看是否有应税行为发生。应确认销项税额为：

$256000 \times 17\% + 50000 \times 13\% + (60000 + 8000) \div (1 + 17\%) \times 17\% = 59900.34$（元）

（3）企业允许确认的进项税额限于符合规定项目，并且取得符合规定的发票部分。本题目中，允许扣除的增值税进项税额为：

$180000 \times 17\% + 50000 \times 13\% + 2220 \div (1 + 11\%) \times 11\% = 37320$（元）

（4）因为该企业符合规定的发票均认证相符且已经申报抵扣，并且无期初已认证相符未抵扣的增值税专用发票，故企业当期应纳增值税额为：

$59900.34 - 37320 = 22580.34$（元）

（5）填表说明。

《增值税纳税申报表（一般纳税人适用）》及其附列资料填写说明

本纳税申报表及其附列资料填写说明（以下简称本表及填写说明）适用于增值税一般纳税人（以下简称纳税人）。

一、名词解释

（一）本表及填写说明所称"应税货物"，是指增值税的应税货物。

（二）本表及填写说明所称"应税劳务"，是指增值税的应税加工、修理、修配劳务。

（三）本表及填写说明所称"应税服务"，是指营业税改征增值税的应税服务。

（四）本表及填写说明所称"按适用税率计税"、"按适用税率计算"和"一般计税方法"，均指按"应纳税额＝当期销项税额－当期进项税额"计算增值税应纳税额的计税方法。

（五）本表及填写说明所称"按简易办法计税"、"按简易征收办法计算"和"简易计税方法"，均指按"应纳税额＝销售额×征收率"计算增值税应纳税额的计税方法。

（六）本表及填写说明所称"应税服务扣除项目"，是指纳税人提供应税服务，在确定应税服务销售额时，按照有关规定允许其从取得的全部价款和价外费用中扣除价款的项目。

（七）本表及填写说明所称"税控增值税专用发票"，包括以下3种：

1. 增值税防伪税控系统开具的防伪税控"增值税专用发票"；

2. 货物运输业增值税专用发票税控系统开具的"货物运输业增值税专用发票"；

3. 机动车销售统一发票税控系统开具的税控"机动车销售统一发票"。

二、《增值税纳税申报表（一般纳税人适用）》填写说明

（一）"税款所属时间"：指纳税人申报的增值税应纳税额的所属时间，应填写具体的起止年、月、日。

（二）"填表日期"：指纳税人填写本表的具体日期。

（三）"纳税人识别号"：填写纳税人的税务登记证号码。

（四）"所属行业"：按照国民经济行业分类与代码中的小类行业填写。

（五）"纳税人名称"：填写纳税人单位名称全称。

（六）"法定代表人姓名"：填写纳税人法定代表人的姓名。

（七）"注册地址"：填写纳税人税务登记证所注明的详细地址。

（八）"生产经营地址"：填写纳税人实际生产经营地的详细地址。

（九）"开户银行及账号"：填写纳税人开户银行的名称和纳税人在该银行的结算账户号码。

（十）"登记注册类型"：按纳税人税务登记证的栏目内容填写。

（十一）"电话号码"：填写可联系到纳税人的常用电话号码。

（十二）"即征即退货物、劳务和应税服务"列：填写纳税人按规定享受增值税即征即退政策的货物、劳务和应税服务的征（退）税数据。

（十三）"一般货物、劳务和应税服务"列：填写除享受增值税即征即退政策以外的货物、劳务和应税服务的征（免）税数据。

（十四）"本年累计"列：一般填写本年度内各月"本月数"之和。其中，第13、20、25、32、36、38栏及第18栏"实际抵扣税额""一般货物、劳务和应税服务"列的"本年累计"分别按本填写说明第（二十七）、（三十四）、（三十九）、（四十六）、（五十）、（五十二）、（三十二）条要求填写。

（十五）第1栏"（一）按适用税率计税销售额"：填写纳税人本期按一般计税方法计算缴纳增值税的销售额，包含：在财务上不作销售但按税法规定应缴纳增值税的视同销售和价外费用的销售额；外贸企业作价销售进料加工复出口货物的销售额；税务、财政、审计部门检查后按一般计税方法计算调整的销售额。

营业税改征增值税的纳税人，应税服务有扣除项目的，本栏应填写扣除之前的不含税销售额。

本栏"一般货物、劳务和应税服务"列"本月数"=《附列资料（一）》第9列第1至5行之和−第9列第6、7行之和；本栏"即征即退货物、劳务和应税服务"列"本月数"=《附列资料（一）》第9列第6、7行之和。

（十六）第2栏"其中：应税货物销售额"：填写纳税人本期按适用税率计

算增值税的应税货物的销售额。包含在财务上不作销售但按税法规定应缴纳增值税的视同销售货物和价外费用销售额，以及外贸企业作价销售进料加工复出口货物的销售额。

（十七）第 3 栏"应税劳务销售额"：填写纳税人本期按适用税率计算增值税的应税劳务的销售额。

（十八）第 4 栏"纳税检查调整的销售额"：填写纳税人因税务、财政、审计部门检查，并按一般计税方法在本期计算调整的销售额。但享受增值税即征即退政策的货物、劳务和应税服务，经纳税检查发现偷税的，不填入"即征即退货物、劳务和应税服务"列，而应填入"一般货物、劳务和应税服务"列。

营业税改征增值税的纳税人，应税服务有扣除项目的，本栏应填写扣除之前的不含税销售额。

本栏"一般货物、劳务和应税服务"列"本月数"=《附列资料（一）》第 7 列第 1 至 5 行之和。

（十九）第 5 栏"按简易办法计税销售额"：填写纳税人本期按简易计税方法计算增值税的销售额。包含纳税检查调整按简易计税方法计算增值税的销售额。

营业税改征增值税的纳税人，应税服务有扣除项目的，本栏应填写扣除之前的不含税销售额；应税服务按规定汇总计算缴纳增值税的分支机构，其当期按预征率计算缴纳增值税的销售额也填入本栏。

本栏"一般货物、劳务和应税服务"列"本月数"≥《附列资料（一）》第 9 列第 8 至 13 行之和－第 9 列第 14、15 行之和；本栏"即征即退货物、劳务和应税服务"列"本月数"≥《附列资料（一）》第 9 列第 14、15 行之和。

（二十）第 6 栏"其中：纳税检查调整的销售额"：填写纳税人因税务、财政、审计部门检查，并按简易计税方法在本期计算调整的销售额。但享受增值税即征即退政策的货物、劳务和应税服务，经纳税检查发现偷税的，不填入"即征即退货物、劳务和应税服务"列，而应填入"一般货物、劳务和应税服务"列。

营业税改征增值税的纳税人，应税服务有扣除项目的，本栏应填写扣除之前的不含税销售额。

（二十一）第7栏"免、抵、退办法出口销售额"：填写纳税人本期适用免、抵、退税办法的出口货物、劳务和应税服务的销售额。

营业税改征增值税的纳税人，应税服务有扣除项目的，本栏应填写扣除之前的销售额。

本栏"一般货物、劳务和应税服务"列"本月数"=《附列资料（一）》第9列第16、17行之和。

（二十二）第8栏"免税销售额"：填写纳税人本期按照税法规定免征增值税的销售额和适用零税率的销售额，但零税率的销售额中不包括适用免、抵、退税办法的销售额。

营业税改征增值税的纳税人，应税服务有扣除项目的，本栏应填写扣除之前的免税销售额。

本栏"一般货物、劳务和应税服务"列"本月数"=《附列资料（一）》第9列第18、19行之和。

（二十三）第9栏"其中：免税货物销售额"：填写纳税人本期按照税法规定免征增值税的货物销售额及适用零税率的货物销售额，但零税率的销售额中不包括适用免、抵、退税办法出口货物的销售额。

（二十四）第10栏"免税劳务销售额"：填写纳税人本期按照税法规定免征增值税的劳务销售额及适用零税率的劳务销售额，但零税率的销售额中不包括适用免、抵、退税办法的劳务的销售额。

（二十五）第11栏"销项税额"：填写纳税人本期按一般计税方法计税的货物、劳务和应税服务的销项税额。

营业税改征增值税的纳税人，应税服务有扣除项目的，本栏应填写扣除之后的销项税额。

本栏"一般货物、劳务和应税服务"列"本月数"=《附列资料（一）》（第10列第1、3行之和－10列第6行）+（第14列第2、4、5行之和－14列第7行）；

本栏"即征即退货物、劳务和应税服务"列"本月数"=《附列资料（一）》第10列第6行 + 第14列第7行。

（二十六）第12栏"进项税额"：填写纳税人本期申报抵扣的进项税额。

本栏"一般货物、劳务和应税服务"列"本月数"＋"即征即退货物、劳务和应税服务"列"本月数"＝《附列资料（二）》第12栏"税额"。

（二十七）第13栏"上期留抵税额"

1. 上期留抵税额按规定须挂账的纳税人，按以下要求填写本栏的"本月数"和"本年累计"。

上期留抵税额按规定须挂账的纳税人是指试点实施之日前一个税款所属期的申报表第20栏"期末留抵税额""一般货物及劳务和应税服务"列"本月数"大于零，且兼有营业税改征增值税应税服务的纳税人（下同）。其试点实施之日前一个税款所属期的申报表第20栏"期末留抵税额""一般货物及劳务和应税服务"列"本月数"，以下称为货物和劳务挂账留抵税额。

（1）本栏"一般货物、劳务和应税服务"列"本月数"：试点实施之日的税款所属期填写"0"；以后各期按上期申报表第20栏"期末留抵税额""一般货物、劳务和应税服务"列"本月数"填写。

（2）本栏"一般货物、劳务和应税服务"列"本年累计"：反映货物和劳务挂账留抵税额本期期初余额。试点实施之日的税款所属期按试点实施之日前一个税款所属期的申报表第20栏"期末留抵税额""一般货物及劳务"列"本月数"填写；以后各期按上期申报表第20栏"期末留抵税额""一般货物、劳务和应税服务"列"本年累计"填写。

（3）本栏"即征即退货物、劳务和应税服务"列"本月数"：按上期申报表第20栏"期末留抵税额""即征即退货物、劳务和应税服务"列"本月数"填写。

2. 其他纳税人，按以下要求填写本栏"本月数"和"本年累计"。

其他纳税人是指除上期留抵税额按规定须挂账的纳税人之外的纳税人（下同）。

（1）本栏"一般货物、劳务和应税服务"列"本月数"：按上期申报表第20栏"期末留抵税额""一般货物、劳务和应税服务"列"本月数"填写。

（2）本栏"一般货物、劳务和应税服务"列"本年累计"：填写"0"。

（3）本栏"即征即退货物、劳务和应税服务"列"本月数"：按上期申报表第20栏"期末留抵税额""即征即退货物、劳务和应税服务"列"本月数"填写。

（二十八）第14栏"进项税额转出"：填写纳税人已经抵扣，但按税法规定本期应转出的进项税额。

本栏"一般货物、劳务和应税服务"列"本月数"+"即征即退货物、劳务和应税服务"列"本月数"=《附列资料（二）》第13栏"税额"。

（二十九）第15栏"免、抵、退应退税额"：反映税务机关退税部门按照出口货物、劳务和应税服务免、抵、退办法审批的增值税应退税额。

（三十）第16栏"按适用税率计算的纳税检查应补缴税额"：填写税务、财政、审计部门检查，按一般计税方法计算的纳税检查应补缴的增值税税额。

本栏"一般货物、劳务和应税服务"列"本月数"≤《附列资料（一）》第8列第1至5行之和+《附列资料（二）》第19栏。

（三十一）第17栏"应抵扣税额合计"：填写纳税人本期应抵扣进项税额的合计数。按表中所列公式计算填写。

（三十二）第18栏"实际抵扣税额"：

1. 上期留抵税额按规定须挂账的纳税人，按以下要求填写本栏的"本月数"和"本年累计"。

（1）本栏"一般货物、劳务和应税服务"列"本月数"：按表中所列公式计算填写。

（2）本栏"一般货物、劳务和应税服务"列"本年累计"：填写货物和劳务挂账留抵税额本期实际抵减一般货物和劳务应纳税额的数额。将"货物和劳务挂账留抵税额本期期初余额"与"一般计税方法的一般货物及劳务应纳税额"两个数据相比较，取二者中小的数据。

其中：货物和劳务挂账留抵税额本期期初余额＝第13栏"上期留抵税额""一般货物、劳务和应税服务"列"本年累计"。

一般计税方法的一般货物及劳务应纳税额＝（第11栏"销项税额""一般货物、劳务和应税服务"列"本月数"－第18栏"实际抵扣税额""一般货物、劳务和应税服务"列"本月数")×一般货物及劳务销项税额比例。

一般货物及劳务销项税额比例=(《附列资料(一)》第 10 列第 1、3 行之和-第 10 列第 6 行)÷第 11 栏"销项税额""一般货物、劳务和应税服务"列"本月数"×100%。

(3)本栏"即征即退货物、劳务和应税服务"列"本月数":按表中所列公式计算填写。

2. 其他纳税人,按以下要求填写本栏的"本月数"和"本年累计":

(1)本栏"一般货物、劳务和应税服务"列"本月数":按表中所列公式计算填写。

(2)本栏"一般货物、劳务和应税服务"列"本年累计":填写"0"。

(3)本栏"即征即退货物、劳务和应税服务"列"本月数":按表中所列公式计算填写。

(三十三)第 19 栏"应纳税额":反映纳税人本期按一般计税方法计算并应缴纳的增值税额。按以下公式计算填写:

1. 本栏"一般货物、劳务和应税服务"列"本月数"=第 11 栏"销项税额""一般货物、劳务和应税服务"列"本月数"-第 18 栏"实际抵扣税额""一般货物、劳务和应税服务"列"本月数"-第 18 栏"实际抵扣税额""一般货物、劳务和应税服务"列"本年累计"。

2. 本栏"即征即退货物、劳务和应税服务"列"本月数"=第 11 栏"销项税额""即征即退货物、劳务和应税服务"列"本月数"-第 18 栏"实际抵扣税额""即征即退货物、劳务和应税服务"列"本月数"。

(三十四)第 20 栏"期末留抵税额"。

1. 上期留抵税额按规定须挂账的纳税人,按以下要求填写本栏的"本月数"和"本年累计":

(1)本栏"一般货物、劳务和应税服务"列"本月数":反映试点实施以后,一般货物、劳务和应税服务共同形成的留抵税额。按表中所列公式计算填写。

(2)本栏"一般货物、劳务和应税服务"列"本年累计":反映货物和劳务挂账留抵税额，在试点实施以后抵减一般货物和劳务应纳税额后的余额。按以下公式计算填写：

本栏"一般货物、劳务和应税服务"列"本年累计"=第13栏"上期留抵税额""一般货物、劳务和应税服务"列"本年累计"−第18栏"实际抵扣税额""一般货物、劳务和应税服务"列"本年累计"。

（3）本栏"即征即退货物、劳务和应税服务"列"本月数"：按表中所列公式计算填写。

2. 其他纳税人，按以下要求填写本栏"本月数"和"本年累计"：

（1）本栏"一般货物、劳务和应税服务"列"本月数"：按表中所列公式计算填写。

（2）本栏"一般货物、劳务和应税服务"列"本年累计"：填写"0"。

（3）本栏"即征即退货物、劳务和应税服务"列"本月数"：按表中所列公式计算填写。

（三十五）第21栏"简易计税办法计算的应纳税额"：反映纳税人本期按简易计税方法计算并应缴纳的增值税额，但不包括按简易计税方法计算的纳税检查应补缴税额。按以下公式计算填写：

本栏"一般货物、劳务和应税服务"列"本月数"=《附列资料（一）》（第10列第8至11行之和−第10列第14行）+（第14列第12行至13行之和−第14列第15行）。

本栏"即征即退货物、劳务和应税服务"列"本月数"=《附列资料（一）》第10列第14行+第14列第15行。

营业税改征增值税的纳税人，应税服务按规定汇总计算缴纳增值税的分支机构，应将预征增值税额填入本栏。预征增值税额=应预征增值税的销售额×预征率。

（三十六）第22栏"按简易计税办法计算的纳税检查应补缴税额"：填写纳税人本期因税务、财政、审计部门检查并按简易计税方法计算的纳税检查应补缴税额。

（三十七）第23栏"应纳税额减征额"：填写纳税人本期按照税法规定减

征的增值税应纳税额。包含按照规定可在增值税应纳税额中全额抵减的增值税税控系统专用设备费用以及技术维护费。

当本期减征额小于或等于第19栏"应纳税额"与第21栏"简易计税办法计算的应纳税额"之和时，按本期减征额实际填写；当本期减征额大于第19栏"应纳税额"与第21栏"简易计税办法计算的应纳税额"之和时，按本期第19栏与第21栏之和填写。本期减征额不足抵减部分结转下期继续抵减。

（三十八）第24栏"应纳税额合计"：反映纳税人本期应缴增值税的合计数。按表中所列公式计算填写。

（三十九）第25栏"期初未缴税额（多缴为负数）"："本月数"按上一税款所属期申报表第32栏"期末未缴税额（多缴为负数）""本月数"填写。"本年累计"按上年度最后一个税款所属期申报表第32栏"期末未缴税额（多缴为负数）""本年累计"填写。

（四十）第26栏"实收出口开具专用缴款书退税额"：本栏不填写。

（四十一）第27栏"本期已缴税额"：反映纳税人本期实际缴纳的增值税额，但不包括本期入库的查补税款。按表中所列公式计算填写。

（四十二）第28栏"①分次预缴税额"：填写纳税人本期已缴纳的准予在本期增值税应纳税额中抵减的税额。

营业税改征增值税的纳税人，应税服务按规定汇总计算缴纳增值税的总机构，其可以从本期增值税应纳税额中抵减的分支机构已缴纳的税款，按当期实际可抵减数填入本栏，不足抵减部分结转下期继续抵减。

（四十三）第29栏"②出口开具专用缴款书预缴税额"：本栏不填写。

（四十四）第30栏"③本期缴纳上期应纳税额"：填写纳税人本期缴纳上一税款所属期应缴未缴的增值税额。

（四十五）第31栏"④本期缴纳欠缴税额"：反映纳税人本期实际缴纳和留抵税额抵减的增值税欠税额，但不包括缴纳入库的查补增值税额。

（四十六）第32栏"期末未缴税额（多缴为负数）"："本月数"反映纳税人本期期末应缴未缴的增值税额，但不包括纳税检查应缴未缴的税款。按表中所列公式计算填写。"本年累计"与"本月数"相同。

（四十七）第 33 栏"其中：欠缴税额（≥0）"：反映纳税人按照税法规定已形成欠税的增值税额。按表中所列公式计算填写。

（四十八）第 34 栏"本期应补（退）税额"：反映纳税人本期应纳税额中应补缴或应退回的数额。按表中所列公式计算填写。

（四十九）第 35 栏"即征即退实际退税额"：反映纳税人本期因符合增值税即征即退政策规定，而实际收到的税务机关退回的增值税额。

（五十）第 36 栏"期初未缴查补税额"："本月数"按上一税款所属期申报表第 38 栏"期末未缴查补税额""本月数"填写。"本年累计"按上年度最后一个税款所属期申报表第 38 栏"期末未缴查补税额""本年累计"填写。

（五十一）第 37 栏"本期入库查补税额"：反映纳税人本期因税务、财政、审计部门检查而实际入库的增值税额，包括按一般计税方法计算并实际缴纳的查补增值税额和按简易计税方法计算并实际缴纳的查补增值税额。

（五十二）第 38 栏"期末未缴查补税额"："本月数"反映纳税人接受纳税检查后应在本期期末缴纳而未缴纳的查补增值税额。按表中所列公式计算填写，"本年累计"与"本月数"相同。

三、《增值税纳税申报表附列资料（一）》（本期销售情况明细）填写说明

（一）"税款所属时间"、"纳税人名称"的填写同主表。

（二）各列说明：

1. 第 1 至 2 列"开具税控增值税专用发票"：反映本期开具防伪税控"增值税专用发票"、"货物运输业增值税专用发票"和税控"机动车销售统一发票"的情况。

2. 第 3 至 4 列"开具其他发票"：反映除上述三种发票以外本期开具的其他发票的情况。

3. 第 5 至 6 列"未开具发票"：反映本期未开具发票的销售情况。

4. 第 7 至 8 列"纳税检查调整"：反映经税务、财政、审计部门检查并在本期调整的销售情况。

5. 第 9 至 11 列"合计"：按照表中所列公式填写。

营业税改征增值税的纳税人，应税服务有扣除项目的，第 1 至 11 列应填写扣除之前的征（免）税销售额、销项（应纳）税额和价税合计额。

6. 第 12 列"应税服务扣除项目本期实际扣除金额"：营业税改征增值税的纳税人，应税服务有扣除项目的，按《附列资料（三）》第 5 列对应各行次数据填写；应税服务无扣除项目的，本列填写"0"。其他纳税人不填写。

营业税改征增值税的纳税人，应税服务按规定汇总计算缴纳增值税的分支机构，当期应税服务有扣除项目的，填入本列第 13 行。

7. 第 13 列"扣除后""含税（免税）销售额"：营业税改征增值税的纳税人，应税服务有扣除项目的，本列各行次 = 第 11 列对应各行次 – 第 12 列对应各行次。其他纳税人不填写。

8. 第 14 列"扣除后""销项（应纳）税额"：营业税改征增值税的纳税人，应税服务有扣除项目的，按以下要求填写本列，其他纳税人不填写。

（1）应税服务按照一般计税方法计税。

本列各行次 = 第 13 列 ÷（100% + 对应行次税率）× 对应行次税率。

本列第 7 行"按一般计税方法计税的即征即退应税服务"不按本列的说明填写。具体填写要求见"各行说明"第 2 条第（2）项第③点的说明。

（2）应税服务按照简易计税方法计税。

本列各行次 = 第 13 列 ÷（100% + 对应行次征收率）× 对应行次征收率

本列第 13 行"预征率　%"不按本列的说明填写。具体填写要求见"各行说明"第 4 条第（2）项。

（3）应税服务实行免抵退税或免税的，本列不填写。

（三）各行说明：

1. 第 1 至 5 行"一、一般计税方法计税""全部征税项目"各行：按不同税率和项目分别填写按一般计税方法计算增值税的全部征税项目。有即征即退征税项目的纳税人，本部分数据中既包括即征即退征税项目，又包括不享受即征即退政策的一般征税项目。

2. 第 6 至 7 行"一、一般计税方法计税""其中：即征即退项目"各行：只反映按一般计税方法计算增值税的即征即退项目。按照税法规定不享受即征即退政策的纳税人，不填写本行。即征即退项目是全部征税项目的其中数。

（1）第6行"即征即退货物及加工修理修配劳务"：反映按一般计税方法计算增值税且享受即征即退政策的货物和加工修理修配劳务。本行不包括应税服务的内容。

1）本行第9列"合计""销售额"栏：反映按一般计税方法计算增值税且享受即征即退政策的货物及加工修理修配劳务的不含税销售额。该栏不按第9列所列公式计算，应按照税法规定据实填写。

2）本行第10列"合计""销项（应纳）税额"栏：反映按一般计税方法计算增值税且享受即征即退政策的货物及加工修理修配劳务的销项税额。该栏不按第10列所列公式计算，应按照税法规定据实填写。

（2）第7行"即征即退应税服务"：反映按一般计税方法计算增值税且享受即征即退政策的应税服务。本行不包括货物及加工修理修配劳务的内容。

1）本行第9列"合计""销售额"栏：反映按一般计税方法计算增值税且享受即征即退政策的应税服务的不含税销售额。应税服务有扣除项目的，按扣除之前的不含税销售额填写。该栏不按第9列所列公式计算，应按照税法规定据实填写。

2）本行第10列"合计""销项（应纳）税额"栏：反映按一般计税方法计算增值税且享受即征即退政策的应税服务的销项税额。应税服务有扣除项目的，按扣除之前的销项税额填写。该栏不按第10列所列公式计算，应按照税法规定据实填写。

3）本行第14列"扣除后""销项（应纳）税额"栏：反映按一般计税方法征收增值税且享受即征即退政策的应税服务实际应计提的销项税额。应税服务有扣除项目的，按扣除之后的销项税额填写；应税服务无扣除项目的，按本行第10列填写。该栏不按第14列所列公式计算，应按照税法规定据实填写。

3. 第8至12行"二、简易计税方法计税""全部征税项目"各行：按不同征收率和项目分别填写按简易计税方法计算增值税的全部征税项目。有即征即退征税项目的纳税人，本部分数据中既包括即征即退项目，也包括不享受即征即退政策的一般征税项目。

4. 第13行"二、简易计税方法计税""预征率　　%"：反映营业税改征增值税的纳税人，应税服务按规定汇总计算缴纳增值税的分支机构预征增值税销售额、预征增值税应纳税额。

（1）本行第1至6列按照销售额和销项税额的实际发生数填写。

（2）本行第14列，纳税人按"应预征缴纳的增值税＝应预征增值税销售额×预征率"公式计算后据实填写。

5. 第14至15行"二、简易计税方法计税""其中：即征即退项目"各行：只反映按简易计税方法计算增值税的即征即退项目。按照税法规定不享受即征即退政策的纳税人，不填写本行。即征即退项目是全部征税项目的其中数。

（1）第14行"即征即退货物及加工修理修配劳务"：反映按简易计税方法计算增值税且享受即征即退政策的货物及加工修理修配劳务。本行不包括应税服务的内容。

1）本行第9列"合计""销售额"栏：反映按简易计税方法计算增值税且享受即征即退政策的货物及加工修理修配劳务的不含税销售额。该栏不按第9列所列公式计算，应按照税法规定据实填写。

2）本行第10列"合计""销项（应纳）税额"栏：反映按简易计税方法计算增值税且享受即征即退政策的货物及加工修理修配劳务的应纳税额。该栏不按第10列所列公式计算，应按照税法规定据实填写。

（2）第15行"即征即退应税服务"：反映按简易计税方法计算增值税且享受即征即退政策的应税服务。本行不包括货物及加工修理修配劳务的内容。

1）本行第9列"合计""销售额"栏：反映按简易计税方法计算增值税且享受即征即退政策的应税服务的不含税销售额。应税服务有扣除项目的，按扣除之前的不含税销售额填写。该栏不按第9列所列公式计算，应按照税法规定据实填写。

2）本行第10列"合计""销项（应纳）税额"栏：反映按简易计税方法计算增值税且享受即征即退政策的应税服务的应纳税额。应税服务有扣除项目的，按扣除之前的应纳税额填写。该栏不按第10列所列公式计算，应按照税法规定据实填写。

3）本行第14列"扣除后""销项（应纳）税额"栏：反映按简易计税方法

计算增值税且享受即征即退政策的应税服务实际应计提的应纳税额。应税服务有扣除项目的，按扣除之后的应纳税额填写；应税服务无扣除项目的，按本行第 10 列填写。

6. 第 16 行"三、免抵退税""货物及加工修理修配劳务"：反映适用免、抵、退税政策的出口货物、加工修理修配劳务。

7. 第 17 行"三、免抵退税""应税服务"：反映适用免、抵、退税政策的应税服务。

8. 第 18 行"四、免税""货物及加工修理修配劳务"：反映按照税法规定免征增值税的货物及劳务和适用零税率的出口货物及劳务，但零税率的销售额中不包括适用免、抵、退税办法的出口货物及劳务。

9. 第 19 行"四、免税""应税服务"：反映按照税法规定免征增值税的应税服务和适用零税率的应税服务，但零税率的销售额中不包括适用免、抵、退税办法的应税服务。

四、《增值税纳税申报表附列资料（二）》（本期进项税额明细）填写说明

（一）"税款所属时间"、"纳税人名称"的填写同主表。

（二）第 1 至 12 栏"一、申报抵扣的进项税额"：分别反映纳税人按税法规定符合抵扣条件，在本期申报抵扣的进项税额。

1. 第 1 栏"（一）认证相符的税控增值税专用发票"：反映纳税人取得的认证相符本期申报抵扣的防伪税控"增值税专用发票"、"货物运输业增值税专用发票"和税控"机动车销售统一发票"的情况。该栏应等于第 2 栏"本期认证相符且本期申报抵扣"与第 3 栏"前期认证相符且本期申报抵扣"数据之和。

2. 第 2 栏"其中：本期认证相符且本期申报抵扣"：反映本期认证相符且本期申报抵扣的防伪税控"增值税专用发票"、"货物运输业增值税专用发票"和税控"机动车销售统一发票"的情况。本栏是第 1 栏的其中数，本栏只填写本期认证相符且本期申报抵扣的部分。

3. 第 3 栏"前期认证相符且本期申报抵扣"：反映前期认证相符且本期申报抵扣的防伪税控"增值税专用发票"、"货物运输业增值税专用发票"和税控"机动车销售统一发票"的情况。辅导期纳税人依据税务机关告知的稽核比对结果通知书及明细清单注明的稽核相符的税控增值税专用发票填写本栏。本栏是第1栏的其中数，只填写前期认证相符且本期申报抵扣的部分。

4. 第4栏"（二）其他扣税凭证"：反映本期申报抵扣的除税控增值税专用发票之外的其他扣税凭证的情况。具体包括：海关进口增值税专用缴款书、农产品收购发票或者销售发票（含农产品核定扣除的进项税额）、代扣代缴税收缴款凭证和运输费用结算单据。该栏应等于第5至8栏之和。

5. 第5栏"海关进口增值税专用缴款书"：反映本期申报抵扣的海关进口增值税专用缴款书的情况。按规定执行海关进口增值税专用缴款书先比对后抵扣的，纳税人需依据税务机关告知的稽核比对结果通知书及明细清单注明的稽核相符的海关进口增值税专用缴款书填写本栏。

6. 第6栏"农产品收购发票或者销售发票"：反映本期申报抵扣的农产品收购发票和农产品销售普通发票的情况。执行农产品增值税进项税额核定扣除办法的，填写当期允许抵扣的农产品增值税进项税额，不填写"份数"、"金额"。

7. 第7栏"代扣代缴税收缴款凭证"：填写本期按规定准予抵扣的中华人民共和国税收缴款凭证上注明的增值税额。

8. 第8栏"运输费用结算单据"：反映按规定本期可以申报抵扣的交通运输费用结算单据的情况。

9. 第11栏"（三）外贸企业进项税额抵扣证明"：填写本期申报抵扣的税务机关出口退税部门开具的《出口货物转内销证明》列明允许抵扣的进项税额。

10. 第12栏"当期申报抵扣进项税额合计"：反映本期申报抵扣进项税额的合计数。按表中所列公式计算填写。

（三）第13至23栏"二、进项税额转出额"各栏：分别反映纳税人已经抵扣但按规定应在本期转出的进项税额明细情况。

1. 第13栏"本期进项税额转出额"：反映已经抵扣但按规定应在本期转出的进项税额合计数。按表中所列公式计算填写。

2. 第14栏"免税项目用"：反映用于免征增值税项目，按规定应在本期转出的进项税额。

3. 第15栏"非应税项目用、集体福利、个人消费"：反映用于非增值税应税项目、集体福利或者个人消费，按规定应在本期转出的进项税额。

4. 第 16 栏"非正常损失"：反映纳税人发生非正常损失，按规定应在本期转出的进项税额。

5. 第 17 栏"简易计税方法征税项目用"：反映用于按简易计税方法征税项目，按规定应在本期转出的进项税额。

营业税改征增值税的纳税人，应税服务按规定汇总计算缴纳增值税的分支机构，当期应由总机构汇总的进项税额也填入本栏。

6. 第 18 栏"免抵退税办法不得抵扣的进项税额"：反映按照免、抵、退税办法的规定，由于征税税率与退税税率存在税率差，在本期应转出的进项税额。

7. 第 19 栏"纳税检查调减进项税额"：反映税务、财政、审计部门检查后而调减的进项税额。

8. 第 20 栏"红字专用发票通知单注明的进项税额"：填写主管税务机关开具的《开具红字增值税专用发票通知单》、《开具红字货物运输业增值税专用发票通知单》等注明的在本期应转出的进项税额。

9. 第 21 栏"上期留抵税额抵减欠税"：填写本期经税务机关同意，使用上期留抵税额抵减欠税的数额。

10. 第 22 栏"上期留抵税额退税"：填写本期经税务机关批准的上期留抵税额退税额。

11. 第 23 栏"其他应作进项税额转出的情形"：反映除上述进项税额转出情形外，其他应在本期转出的进项税额。

（四）第 24 至 34 栏"三、待抵扣进项税额"各栏：分别反映纳税人已经取得，但按税法规定不符合抵扣条件，暂不予在本期申报抵扣的进项税额情况及按税法规定不允许抵扣的进项税额情况。

1. 第 24 至 28 栏均包括防伪税控"增值税专用发票"、"货物运输业增值税专用发票"和税控"机动车销售统一发票"的情况。

2. 第 25 栏"期初已认证相符但未申报抵扣"：反映前期认证相符，但按照税法规定暂不予抵扣及不允许抵扣，结存至本期的税控增值税专用发票情况。

辅导期纳税人填写认证相符但未收到稽核比对结果的税控增值税专用发票期初情况。

3. 第 26 栏"本期认证相符且本期未申报抵扣"：反映本期认证相符，但按税法规定暂不予抵扣及不允许抵扣，而未申报抵扣的税控增值税专用发票情况。辅导期纳税人填写本期认证相符但未收到稽核比对结果的税控增值税专用发票情况。

4. 第 27 栏"期末已认证相符但未申报抵扣"：反映截至本期期末，按照税法规定仍暂不予抵扣及不允许抵扣且已认证相符的税控增值税专用发票情况。辅导期纳税人填写截至本期期末已认证相符但未收到稽核比对结果的税控增值税专用发票期末情况。

5. 第 28 栏"其中：按照税法规定不允许抵扣"：反映截至本期期末已认证相符但未申报抵扣的税控增值税专用发票中，按照税法规定不允许抵扣的税控增值税专用发票情况。

6. 第 29 栏"（二）其他扣税凭证"：反映截至本期期末仍未申报抵扣的除税控增值税专用发票之外的其他扣税凭证情况。具体包括：海关进口增值税专用缴款书、农产品收购发票或者销售发票、代扣代缴税收缴款凭证和运输费用结算单据。该栏应等于第 30 至 33 栏之和。

7. 第 30 栏"海关进口增值税专用缴款书"：反映已取得但截至本期期末仍未申报抵扣的海关进口增值税专用缴款书情况，包括纳税人未收到稽核比对结果的海关进口增值税专用缴款书情况。

8. 第 31 栏"农产品收购发票或者销售发票"：反映已取得但截至本期期末仍未申报抵扣的农产品收购发票和农产品销售普通发票情况。

9. 第 32 栏"代扣代缴税收缴款凭证"：反映已取得但截至本期期末仍未申报抵扣的代扣代缴税收缴款凭证情况。

10. 第 33 栏"运输费用结算单据"：反映已取得但截至本期期末仍未申报抵扣的运输费用结算单据情况。

（五）第 35 至 36 栏"四、其他"各栏。

1. 第 35 栏"本期认证相符的税控增值税专用发票"：反映本期认证相符的

防伪税控"增值税专用发票"、"货物运输业增值税专用发票"和税控"机动车销售统一发票"的情况。

2. 第 36 栏"代扣代缴税额"：填写纳税人根据《中华人民共和国增值税暂行条例》第十八条扣缴的应税劳务增值税额与根据营业税改征增值税有关政策规定扣缴的应税服务增值税额之和。

五、《增值税纳税申报表附列资料（三）》（应税服务扣除项目明细）填写说明

（一）本表由营业税改征增值税应税服务有扣除项目的纳税人填写。其他纳税人不填写。

（二）"税款所属时间"、"纳税人名称"的填写同主表。

（三）第 1 列"本期应税服务价税合计额（免税销售额）"：营业税改征增值税的应税服务属于征税项目的，填写扣除之前的本期应税服务价税合计额；营业税改征增值税的应税服务属于免抵退税或免税项目的，填写扣除之前的本期应税服务免税销售额。本列各行次等于《附列资料（一）》第 11 列对应行次。

营业税改征增值税的纳税人，应税服务按规定汇总计算缴纳增值税的分支机构，本列各行次之和等于《附列资料（一）》第 11 列第 13 行。

（四）第 2 列"应税服务扣除项目""期初余额"：填写应税服务扣除项目上期期末结存的金额，试点实施之日的税款所属期填写"0"。本列各行次等于上期《附列资料（三）》第 6 列对应行次。

（五）第 3 列"应税服务扣除项目""本期发生额"：填写本期取得的按税法规定准予扣除的应税服务扣除项目金额。

（六）第 4 列"应税服务扣除项目""本期应扣除金额"：填写应税服务扣除项目本期应扣除的金额。

本列各行次＝第 2 列对应各行次＋第 3 列对应各行次。

（七）第 5 列"应税服务扣除项目""本期实际扣除金额"：填写应税服务扣除项目本期实际扣除的金额。

本列各行次≤第 4 列对应各行次且本列各行次≤第 1 列对应各行次。

（八）第 6 列"应税服务扣除项目""期末余额"：填写应税服务扣除项目

本期期末结存的金额。

本列各行次＝第 4 列对应各行次－第 5 列对应各行次。

六、《增值税纳税申报表附列资料（四）》（税额抵减情况表）填写说明

本表第 1 行由发生增值税税控系统专用设备费用和技术维护费的纳税人填写，反映纳税人增值税税控系统专用设备费用和技术维护费按规定抵减增值税应纳税额的情况。本表第 2 行由营业税改征增值税纳税人，应税服务按规定汇总计算缴纳增值税的总机构填写，反映其分支机构预征缴纳税款抵减总机构应纳增值税税额的情况。其他纳税人不填写本表。

七、《固定资产进项税额抵扣情况表》填写说明

本表反映纳税人在《附列资料（二）》"一、申报抵扣的进项税额"中固定资产的进项税额。本表按增值税专用发票、海关进口增值税专用缴款书分别填写。税控《机动车销售统一发票》填入增值税专用发票栏内。

课后训练

1. 大连丰源建材商店于 2013 年 2 月注册成立，系增值税一般纳税人，纳税人识别号：210211777700123；法人代表：冯源。公司主要从事建筑材料批发零售。

2015 年 10 月，该企业取得建筑材料批发收入 36 万元，开具增值税专用发票，适用 17% 税率；取得批发收入 12 万元，开具增值税普通发票，适用 17% 税率；取得零售收入 6 万元，开具增值税普通发票，适用 17% 税率；另取得 0.8 万元零售收入，消费者未索取发票。

同月，企业购进一批货物，取得的增值税专用发票注明价款 18 万元，适用 17% 税率，销售方负责送货上门；购进一台送货货车，取得的增值税专用发票注明价款 15 万元，适用 17% 税率；购进一台小汽车，增值税专用发票注明价款 20 万元，适用 17% 税率；另从农民手中购进一批农产品，合计支付买价 2 万元，直

接用于职工福利。

上述符合规定的发票均认证相符，并且已经申报抵扣。该企业无期初已认证相符未抵扣的增值税专用发票。

要求：

（1）计算企业需要确认销项税金额。

（2）计算企业允许确认进项税金额。

（3）计算企业应纳增值税金额。

（4）填写增值税纳税申报表主表，及其各个附表，详见表2-9至表2-14。

表 2-9　增值税纳税申报表
（一般纳税人适用）

根据国家税收法律法规及增值税相关规定制定本表。纳税人不论有无销售额，均应按税务机关核定的纳税期限填写本表，并向当地税务机关申报。

税款所属时间：自　年　月　日至　年　月　日　　　　填表日期：　年　月　日

金额单位：元（列至角分）

纳税人识别号				所属行业：		
纳税人名称		法定代表人姓名		注册地址	生产经营地址	
开户银行及账号		登记注册类型			电话号码	
项　目	栏　次	一般货物、劳务和应税服务		即征即退货物、劳务和应税服务		
		本月数	本年累计	本月数	本年累计	

	项目	栏次	本月数	本年累计	本月数	本年累计
销售额	（一）按适用税率计税销售额	1				
	其中：应税货物销售额	2				
	应税劳务销售额	3				
	纳税检查调整的销售额	4				
	（二）按简易办法计税销售额	5				
	其中：纳税检查调整的销售额	6				
	（三）免、抵、退办法出口销售额	7			—	—
	（四）免税销售额	8			—	—
	其中：免税货物销售额	9			—	—
	免税劳务销售额	10			—	—
税款计算	销项税额	11				
	进项税额	12				
	上期留抵税额	13			—	

续表

项　目	栏　次	一般货物、劳务和应税服务		即征即退货物、劳务和应税服务	
		本月数	本年累计	本月数	本年累计
税款计算 进项税额转出	14			—	—
免、抵、退应退税额	15			—	—
按适用税率计算的纳税检查应补缴税额	16			—	—
应抵扣税额合计	17=12+13−14−15+16			—	—
实际抵扣税额	18(如 17<11，则为 17，否则为 11)			—	—
应纳税额	19=11−18			—	—
期末留抵税额	20=17−18			—	—
简易计税办法计算的应纳税额	21				
按简易计税办法计算的纳税检查应补缴税额	22				
应纳税额减征额	23				
应纳税额合计	24=19+21−23				
税款缴纳 期初未缴税额（多缴为负数）	25				
实收出口开具专用缴款书退税额	26			—	—
本期已缴税额	27=28+29+30+31				
①分次预缴税额	28			—	—
②出口开具专用缴款书预缴税额	29			—	—
③本期缴纳上期应纳税额	30				
④本期缴纳欠缴税额	31				
期末未缴税额（多缴为负数）	32=24+25+26−27				
其中：欠缴税额（≥0）	33=25+26−27			—	—
本期应补（退）税额	34=24−28−29				
即征即退实际退税额	35	—			
期初未缴查补税额	36			—	—
本期入库查补税额	37			—	—
期末未缴查补税额	38=16+22+36−37			—	—

授权声明	如果你已委托代理人申报，请填写下列资料： 　为代理一切税务事宜，现授权（地址）_____ 为本纳税人的代理申报人，任何与本申报表有关的往来文件，都可寄予此人。 　　　　　　授权人签字：	申报人声明	本纳税申报表是根据国家税收法律法规及相关规定填报的，我确定它是真实的、可靠的、完整的。 　　　　　　声明人签字：

主管税务机关：　　　　　　接收人：　　　　　　接收日期：

表2-10 增值税纳税申报表附列资料（一）

（本期销售情况明细）

税款所属时间： 年 月 日至 年 月 日

纳税人名称：（公章）

金额单位：元（列至角分）

项目及栏次			开具税控增值税专用发票		开具其他发票		未开具发票		纳税检查调整		合计		价税合计	应税服务扣除项目本期实际扣除金额	扣除后	
			销售额	销项（应纳）税额	销售额	销项（应纳）税额	销售额	销项（应纳）税额	销售额	销项（应纳）税额	销售额	销项（应纳）税额			含税（免税）销售额	销项（应纳）税额
			1	2	3	4	5	6	7	8	9=1+3+5+7	10=2+4+6+8	11=9+10	12	13=11-12	14=13÷（100%+税率或征收率）×税率或征收率
一、一般计税方法计税	全部征税项目	17%税率的货物及加工修理修配劳务	1														
		17%税率的有形动产租赁服务	2														
		13%税率	3														
		11%税率	4														
		6%税率	5														
	其中:即征即退项目	即征即退货物及加工修理修配劳务	6	—	—	—	—	—	—								
		即征即退应税服务	7	—	—	—	—	—	—								
二、简易计税方法计税	全部征税项目	6%征收率	8														
		5%征收率	9														
		4%征收率	10														
		3%征收率的货物及加工修理修配劳务	11														
		3%征收率的应税服务	12														
		预征率 %	13														
	其中:即征即退项目	即征即退货物及加工修理修配劳务	14	—	—	—	—	—	—								
		即征即退应税服务	15	—	—	—	—	—	—								
三、免抵退税		货物及加工修理修配劳务	16							—	—				—	—	—
		应税服务	17							—	—				—	—	—
四、免税		货物及加工修理修配劳务	18							—	—				—	—	—
		应税服务	19							—	—				—	—	—

表 2-11 增值税纳税申报表附列资料（二）

（本期进项税额明细）

税款所属时间： 年 月 日至 年 月 日

纳税人名称：（公章）　　　　　　　　　　　　　　　　金额单位：元（列至角分）

一、申报抵扣的进项税额				
项目	栏次	份数	金额	税额
（一）认证相符的税控增值税专用发票	1=2+3			
其中：本期认证相符且本期申报抵扣	2			
前期认证相符且本期申报抵扣	3			
（二）其他扣税凭证	4=5+6+7+8			
其中：海关进口增值税专用缴款书	5			
农产品收购发票或者销售发票	6			
代扣代缴税收缴款凭证	7		—	
运输费用结算单据	8			
	9	—	—	—
	10			
（三）外贸企业进项税额抵扣证明	11	—		
当期申报抵扣进项税额合计	12=1+4+11			
二、进项税额转出额				
项目	栏次		税额	
本期进项税转出额	13=14至23之和			
其中：免税项目用	14			
非应税项目用、集体福利、个人消费	15			
非正常损失	16			
简易计税方法征税项目用	17			
免抵退税办法不得抵扣的进项税额	18			
纳税检查调减进项税额	19			
红字专用发票通知单注明的进项税额	20			
上期留抵税额抵减欠税	21			
上期留抵税额退税	22			
其他应作进项税额转出的情形	23			
三、待抵扣进项税额				
项目	栏次	份数	金额	税额
（一）认证相符的税控增值税专用发票	24	—	—	—
期初已认证相符但未申报抵扣	25			
本期认证相符且本期未申报抵扣	26			
期末已认证相符但未申报抵扣	27			
其中：按照税法规定不允许抵扣	28			

续表

三、待抵扣进项税额				
项目	栏次	份数	金额	税额
（二）其他扣税凭证	29=30至33之和			
其中：海关进口增值税专用缴款书	30			
农产品收购发票或者销售发票	31			
代扣代缴税收缴款凭证	32		—	
运输费用结算单据	33			
	34			
四、其他				
项目	栏次	份数	金额	税额
本期认证相符的税控增值税专用发票	35			
代扣代缴税额	36		—	

表2-12 增值税纳税申报表附列资料（三）
（应税服务扣除项目明细）

税款所属时间： 年 月 日至 年 月 日

纳税人名称：（公章） 金额单位：元（列至角分）

项目及栏次	本期应税服务价税合计额（免税销售额）	应税服务扣除项目				
		期初余额	本期发生额	本期应扣除金额	本期实际扣除金额	期末余额
	1	2	3	4=2+3	5（5≤1且5≤4）	6=4-5
17%税率的有形动产租赁服务						
11%税率的应税服务						
6%税率的应税服务						
3%征收率的应税服务						
免抵退税的应税服务						
免税的应税服务						

表2-13 增值税纳税申报表附列资料（四）
（税额抵减情况表）

税款所属时间： 年 月 日至 年 月 日

纳税人名称：（公章） 金额单位：元（列至角分）

序号	抵减项目	期初余额	本期发生额	本期应抵减税额	本期实际抵减税额	期末余额
		1	2	3=1+2	4≤3	5=3-4
1	增值税税控系统专用设备费及技术维护费					

序号	抵减项目	期初余额	本期发生额	本期应抵减税额	本期实际抵减税额	期末余额
		1	2	3=1+2	4≤3	5=3-4
2	分支机构预征缴纳税款					
3						
4						
5						
6						

表2-14　固定资产进项税额抵扣情况表

纳税人名称（公章）：　　　　　填表日期：　　年　月　日　　　　金额单位：元（列至角分）

项目	当期申报抵扣的固定资产进项税额	申报抵扣的固定资产进项税额累计
增值税专用发票		
海关进口增值税专用缴款书		
合计		

2. 家乐商贸公司是小规模纳税人，2015年8月向甲公司销售商品，取得全部价款50000元，通过税控系统开具增值税普通发票，同时承担上述货物销售运费1000元，取得运输部门开具货物运输业增值税专用发票；同月，公司购进一批货物，取得增值税普通发票注明买价20000元。

要求：

（1）计算企业应缴纳增值税金额。

（2）填写小规模纳税人增值税纳税申报表主表、附表，详见表2-15和表2-16。

表2-15　增值税纳税申报表

（小规模纳税人适用）

纳税人识别号：□□□□□□□□□□□□□□□

纳税人名称（公章）：　　　　　　　　　　　　　　　金额单位：元（列至角分）

税款所属期：　　年　月　日至　　年　月　日　　　　填表日期：　　年　月　日

	项目	栏次	本期数		本年累计	
			应税货物及劳务	应税服务	应税货物及劳务	应税服务
一、计税依据	（一）应征增值税不含税销售额	1			略	
	税务机关代开的增值税专用发票不含税销售额	2				

续表

项目	栏次	本期数		本年累计	
		应税货物及劳务	应税服务	应税货物及劳务	应税服务
一、计税依据	税控器具开具的普通发票不含税销售额	3				
	（二）销售使用过的应税固定资产不含税销售额	4（4≥5）		—		—
	其中：税控器具开具的普通发票不含税销售额	5		—		—
	（三）免税销售额	6（6≥7）				
	其中：税控器具开具的普通发票销售额	7				
	（四）出口免税销售额	8（8≥9）				
	其中：税控器具开具的普通发票销售额	9				
二、税款计算	本期应纳税额	10				
	本期应纳税额减征额	11				
	应纳税额合计	12=10−11				
	本期预缴税额	13		—		—
	本期应补（退）税额	14=12−13		—		—

纳税人或代理人声明： 本纳税申报表是根据国家税收法律法规及相关规定填报的，我确定它是真实的、可靠的、完整的。	如纳税人填报，由纳税人填写以下各栏
	办税人员：　　　　　　　　　财务负责人： 法定代表人：　　　　　　　　联系电话：
	如委托代理人填报，由代理人填写以下各栏
	代理人名称（公章）：　　　　经办人： 　　　　　　　　　　　　　　联系电话：

主管税务机关：　　　　　　　接收人：　　　　　　　接收日期：

表 2-16　增值税纳税申报表（小规模纳税人适用）附列资料

税款所属时间：　年　月　日至　年　月　日　　　　　　填表日期：　年　月　日

纳税人名称（公章）：　　　　　　　　　　　　　　金额单位：元（列至角分）

应税服务扣除额计算			
期初余额	本期发生额	本期扣除额	期末余额
1	2	3（3≤1+2 之和，且 3≤5）	4=1+2−3
应税服务计税销售额计算			
全部含税收入	本期扣除额	含税销售额	不含税销售额
5	6=3	7=5−6	8=7÷1.03

项目三　消费税纳税申报

知识准备

消费税是以特定消费品为课税对象所征收的一种税，属于流转税的范畴。项目三的知识结构如图 3-1 所示。

一、纳税义务人

在中华人民共和国境内生产、委托加工和进口应税消费品的单位和个人，以及国务院确定的销售本条例规定的消费品的其他单位和个人，为消费税的纳税义务人。

在中华人民共和国境内是指生产、委托加工和进口属于应当征收消费税的消费品的起运地或所在地在境内。

二、征税范围：消费税税目和税率

消费税的征税项目由税法明确列举，主要有烟、酒、化妆品、护肤护发品、贵重首饰及珠宝玉石、汽油、汽车等税目，有的税目中又包括若干子税目。除税法明确列举的商品以外，不征收消费税。现行消费税采取比例税率和定额税率两种形式。消费税税目、税率如表 3-1 所示。

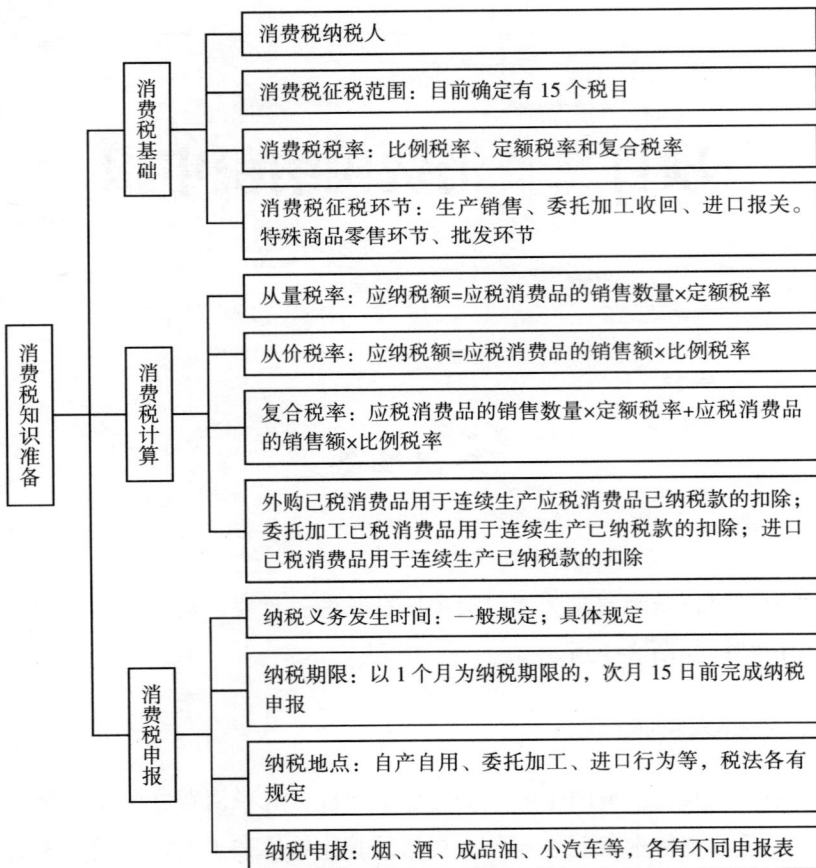

图 3-1　项目三知识结构

表 3-1　消费税税目、税率（税额）表

税目	税率
一、烟 　1. 卷烟 　　（1）甲类卷烟 　　（2）乙类卷烟 　　（3）商业批发 　2. 雪茄烟 　3. 烟丝	 56%加 0.003 元/支（生产环节） 36%加 0.003 元/支（生产环节） 11%加 0.003 元/支（批发环节） 36% 30%
二、酒 　1. 白酒 　2. 黄酒 　3. 啤酒 　　（1）甲类啤酒 　　（2）乙类啤酒 　4. 其他酒	 20%加 0.5 元/500 克（或者 500 毫升） 240 元/吨 250 元/吨 220 元/吨 10%

税目	税率
三、化妆品	30%
四、贵重首饰及珠宝玉石 　　1. 金银首饰、铂金首饰和钻石及钻石饰品 　　2. 其他贵重首饰和珠宝玉石	 5% 10%
五、鞭炮、焰火	15%
六、成品油 　　1. 汽油 　　2. 柴油 　　3. 航空煤油（暂缓征收） 　　4. 石脑油 　　5. 溶剂油 　　6. 润滑油 　　7. 燃料油	 1.52 元/升 1.2 元/升 1.2 元/升 1.52 元/升 1.52 元/升 1.52 元/升 1.2 元/升
七、摩托车 　　1. 气缸容量（排气量，下同）在 250 毫升（含 250 毫升）以下的 　　2. 气缸容量在 250 毫升以上的	 3% 10%
八、小汽车 　　1. 乘用车 　　（1）气缸容量（排气量，下同）在 1.0 升（含 1.0 升）以下的 　　（2）气缸容量在 1.0 升以上至 1.5 升（含 1.5 升）的 　　（3）气缸容量在 1.5 升以上至 2.0 升（含 2.0 升）的 　　（4）气缸容量在 2.0 升以上至 2.5 升（含 2.5 升）的 　　（5）气缸容量在 2.5 升以上至 3.0 升（含 3.0 升）的 　　（6）气缸容量在 3.0 升以上至 4.0 升（含 4.0 升）的 　　（7）气缸容量在 4.0 升以上的 　　2. 中轻型商用客车	 1% 3% 5% 9% 12% 25% 40% 5%
九、高尔夫球及球具	10%
十、高档手表	20%
十一、游艇	10%
十二、木制一次性筷子	5%
十三、实木地板	5%
十四、铅蓄电池 　　其中：无汞原电池、金属氢化物镍蓄电池、锂原电池、锂离子蓄电池、太阳能电池、燃料电池和全钒液流电池	4% 免征
十五、涂料 　　其中：施工状态下挥发性有机物（Volatile Organic Compounds，VOC）含量低于 420 克/升（含）	4% 免征

三、消费税的计算

消费税应纳税额的计算分为从价定率、从量定额和复合计税三种方法。

（一）从价定率

在从价定率计算方法下，应纳税额的计算取决于应纳消费税的销售额和适用税率两个因素，其基本计算公式如下：

应纳税额＝应税消费品的销售额×比例税率

此处的"销售额"与增值税法中的"销售额"基本是一致的，但是在具体的运用中，应注意以下区别：

（1）实行从价定率办法计算应纳税额的应税消费品连同包装销售的，无论包装是否单独计价，也不论在会计上如何核算，均应并入应税消费品的销售额中征收消费税。如果包装物不作价随同产品销售，而是收取押金（收取酒类产品的包装物押金的除外），且单独核算又未过期的，此项押金不应并入应税消费品的销售额中征税。但对因逾期未收回的包装物不再退还的或者已收取 12 个月的押金，应并入应税消费品的销售额，按照应税消费品的适用税率征收消费税。

（2）对既作价随同应税消费品销售，又另外收取包装物押金，凡纳税人在规定的期限内不予退还的，均并入应税消费品的销售额，按照应税消费品的适用税率征收消费税。

（3）对酒类产品生产企业销售酒类产品而收取的包装物押金，无论押金是否返还与会计上如何核算，均需并入酒类产品销售额中，按照酒类产品的适用税率征收消费税。啤酒的包装物押金不包括供重复使用的塑料周转箱的押金。

（4）白酒生产企业向商业销售单位收取的"品牌使用费"是随着应税白酒的销售而向购货方收取的，属于应税白酒销售价款的组成部分，不论企业采取何种方式以何种名义收取，均应并入白酒的销售额中计算缴纳消费税。

（二）从量定额

在从量定额计算方法下，应纳税额的计算取决于消费品的应税数量和单位税额两个因素。其基本计算公式为：

应纳税额＝应税消费品的销售数量×定额税率

销售数量是指纳税人生产、加工和进口应税消费品的数量。具体规定为：

（1）销售应税消费品的，为应税消费品的销售数量。

（2）自产自用应税消费品的，为应税消费品的移送使用数量。

（3）委托加工应税消费品的，为纳税人收回的应税消费品的数量。

（4）进口的应税消费品，为海关核定的应税消费品进口数量。

另外，《消费税暂行条例》规定，黄酒、啤酒是以吨为计税单位的；汽油、柴油是以升为计税单位的。但是，考虑到在实际销售过程中，一些纳税人会把吨和升这两个计量单位混用，为了规范不同产品的计量单位，以准确计算应税销售额，吨与升这两个计量单位的换算标准为：

黄酒：1 吨＝962 升；

啤酒：1 吨＝988 升；

汽油：1 吨＝1388 升；

柴油：1 吨＝1176 升；

航空煤油：1 吨＝1246 升；

石脑油：1 吨＝1385 升；

溶剂油：1 吨＝1282 升；

润滑油：1 吨＝1126 升；

燃料油：1 吨＝1015 升。

（三）复合计税

现行消费税的征税范围中，只有卷烟和白酒采用混合计算方法。其基本计算公式为：

应纳税额＝应税销售数量×定额税率＋应税销售金额×比例税率

需要注意的是，外购已税消费品连续生产应税消费品销售时，可按当期生产领用数量计算准予扣除外购应税消费品已纳的消费税税款。扣除范围包括：

（1）外购已税烟丝生产的卷烟。

（2）外购已税化妆品生产的化妆品。

（3）外购已税珠宝玉石生产的贵重首饰及珠宝玉石。

（4）外购已税鞭炮焰火生产的鞭炮焰火。

（5）外购已税杆头、杆身和握把为原料生产的高尔夫球杆。

（6）外购已税木制一次性筷子为原料生产的木制一次性筷子。

（7）外购已税实木地板为原料生产的实木地板。

（8）外购汽油、柴油用于连续生产甲醇汽油、生物柴油。

（9）外购已税润滑油为原料生产的润滑油。

（10）外购已税摩托车连续生产摩托车（如用外购两轮摩托车改装三轮摩托车）。

（11）以外购已税石脑油、燃料油为原料生产的应税消费品。

当期准予扣除的外购应税消费品已纳税款 = 当期准予扣除的外购应税消费品买价×外购应税消费品适用税率

当期准予扣除的外购应税消费品买价 = 期初库存的外购应税消费品买价 + 当期购进的外购应税消费品买价 – 期末库存的外购应税消费品买价

对于在零售环节缴纳消费税的金银首饰（含镶嵌首饰）、钻石及钻石饰品已纳消费税不得扣除。允许扣除已纳税款的应税消费品包括从工业企业、商业企业购进的应税消费品，以及进口环节已缴纳消费税的应税消费品。对自己不生产应税消费品，而只是购进后再销售应税消费品的工业企业，其销售的化妆品、鞭炮焰火和珠宝玉石，凡不能构成最终消费品直接进入消费品市场，而需进一步生产加工的，应当征收消费税，同时允许扣除上述外购应税消费品的已纳税款。

同时，对委托加工收回消费品和进口已税消费品已纳的消费税，可按当期生产领用数量从当期应纳消费税税额中扣除，其扣税规定与外购已税消费品连续生产应税消费品的扣税范围、扣税方法、扣税环节相同。

（四）几种情况下应税消费税的计算

1. 自产自用应税消费品应纳税额的计算

纳税人自产自用的应税消费品，用于连续生产应税消费品的，不纳税；用于其他方面（包括生产非应税消费品、在建工程、管理部门、非生产机构、提供劳务、馈赠、赞助、集资、广告、样品、职工福利、奖励等方面）的，于移送时纳税。

纳税人自产自用的应税消费品，按照纳税人生产的同类消费品的销售价格计算纳税；没有同类消费品销售价格的，按照组成计税价格计算纳税。

实行从价定率办法计算纳税的组成计税价格计算公式：

组成计税价格 =（成本 + 利润）÷（1 – 比例税率）

实行复合计税办法计算纳税的组成计税价格计算公式：

组成计税价格 =（成本 + 利润 + 自产自用数量×定额税率）÷（1 – 比例税率）

应税消费品平均成本利润率由国家税务总局确定，成本利润率详见表3-2。

表 3-2　应税消费品平均成本利润率

序号	项目	平均成本利润率	序号	项目	平均成本利润率
1	甲类卷烟	10%	11	贵重首饰及珠宝玉石	6%
2	乙类卷烟	5%	12	汽车轮胎	5%
3	雪茄烟	5%	13	摩托车	6%
4	烟丝	5%	14	乘用车	8%
5	粮食白酒	10%	15	中轻型商用客车	5%
6	薯类白酒	5%	16	高尔夫球及球具	10%
7	其他酒	5%	17	高档手表	20%
8	酒精	5%	18	游艇	10%
9	化妆品	5%	19	木制一次性筷子	5%
10	鞭炮、焰火	5%	20	实木地板	5%

2. 委托加工应税消费品应纳税额的计算

委托加工的应税消费品是指由委托方提供原料和主要材料，受托方只收取加工费和代垫部分辅助材料加工的应税消费品。对于由受托方提供原材料生产的应税消费品，或者受托方先将原材料卖给委托方，然后再接受加工的应税消费品，以及由受托方以委托方名义购进原材料生产的应税消费品，不论纳税人在财务上如何处理，都不得作为委托加工应税消费品，而应按照销售自制应税消费品计算缴纳消费税。

委托加工的应税消费品直接出售的，不再缴纳消费税。

委托个人加工的应税消费品，由委托方收回后缴纳消费税。

委托加工的应税消费品，按照受托方的同类消费品的销售价格计算纳税；没有同类消费品销售价格的，按照组成计税价格计算纳税。

实行从价定率办法计算纳税的组成计税价格计算公式：

组成计税价格 = （材料成本 + 加工费）÷（1 - 比例税率）

实行复合计税办法计算纳税的组成计税价格计算公式：

组成计税价格 = （材料成本 + 加工费 + 委托加工数量 × 定额税率）÷（1 - 比例税率）

委托加工的应税消费品，应当由受托方在交货时代收代缴消费税；委托方收回后直接销售的，不再征收消费税；委托方收回货物后用于连续生产应税消费品的，其已纳税额准予按照规定从连续生产的应税消费品应纳消费税税额中抵扣。

准予扣除委托加工收回的应税消费品已纳消费税税额的计算公式是：

当期准予扣除的委托加工应税消费品已纳税款=期初库存的委托加工应税消费品已纳税款+当期收回的委托加工应税消费品已纳税款−期末库存的委托加工应税消费品已纳税款

需要说明的是，纳税人用委托加工收回的已税珠宝玉石生产的改在零售环节征收消费税的金银首饰，在计税时一律不得扣除委托加工收回的珠宝玉石的已纳消费税税款。

3. 进口应税消费品应纳税额的计算

进口的应税消费品，于报关进口时缴纳消费税；进口的应税消费品的消费税由海关代征；进口的应税消费品，由进口人或其代理进口人向报关地海关申报纳税。

纳税人进口应税消费品，按照组成计税价格和规定的税率计算应纳税额。其计算公式如下：

（1）实行从价定率办法的应税消费品的应纳税额的计算：

应纳税额=组成计税价格×消费税税率

组成计税价格=（关税完税价格+关税）÷（1−消费税税率）

（2）实行从量定额办法的应税消费品的应纳税额的计算：

应纳税额=应税消费品数量×消费税单位税额

（3）实行从价定率和从量定额混合征收办法的应税消费品的应纳税额的计算：

应纳税额=组成计税价格×消费税税率+应税消费品数量×消费税单位税额

组成计税价格=（关税完税价格+关税+进口数量×消费税定额税率）÷（1−消费税比例税率）

4. 零售环节征收消费税的金银首饰应纳消费税的计算

金银首饰在零售环节缴纳消费税。金银首饰经营单位将金银首饰销售给有金银首饰经营权的单位，视同批发，不缴纳消费税。只有当金银首饰经营单位将金银首饰销售给消费者或是无金银首饰经营权的单位时，才需要缴纳消费税。

（1）纳税人销售金银首饰，其计税依据为不含增值税的销售额。如果纳税人销售金银首饰的销售额未扣除增值税税额，在计算消费税时，应换算为不含税销售额。

应纳税额＝应税销售额×消费税税率

（2）金银首饰连同包装物销售的，无论包装物是否单独计价，也无论会计上如何核算，均应并入金银首饰的销售额，一并计算征收消费税。

（3）带料加工的金银首饰，应按受托方企业同类金银首饰市场价格确定计税依据缴纳消费税。没有同类金银首饰市场价格的，应按组成计税价格计算纳税：

组成计税价格＝（材料成本＋加工费）÷（1－消费税税率）

（4）采取以旧换新方式销售的金银首饰，按实际收取的不含增值税的全部价款确定计税依据缴纳消费税。

（5）用于馈赠、赞助、集资、广告、样品、职工福利、奖励等方面的金银首饰，应按纳税人销售同类金银首饰的销售价格确定计税依据缴纳消费税。没有同类金银首饰销售价格的，按照组成计税价格计算纳税：

组成计税价格＝购进原价×（1＋利润率）÷（1－消费税税率）

5. 卷烟批发环节消费税

自 2015 年 5 月 10 日，卷烟批发环节从价税税率由 5% 提高至 11%，并按 0.005 元/支加征从量税。

纳税人兼营卷烟批发和零售业务的，应当分别核算批发和零售环节的销售额、销售数量；未分别核算批发和零售环节销售额、销售数量的，按照全部销售额、销售数量计征批发环节消费税。卷烟消费税在生产和批发两个环节征收后，批发企业在计算纳税时不得扣除已含的生产环节的消费税税款。

四、纳税义务发生时间

（一）纳税人销售应税消费品的，按不同的销售结算方式分类

（1）采取赊销和分期收款结算方式的，为书面合同约定的收款日期的当天，书面合同没有约定收款日期或者无书面合同的，为发出应税消费品的当天；

（2）采取预收货款结算方式的，为发出应税消费品的当天；

（3）采取托收承付和委托银行收款方式的，为发出应税消费品并办妥托收手续的当天；

（4）采取其他结算方式的，为收讫销售款或者取得索取销售款凭据的当天。

（二）纳税人自产自用应税消费品的，为移送使用的当天

（三）纳税人委托加工应税消费品的，为纳税人提货的当天

（四）纳税人进口应税消费品的，为报关进口的当天

五、纳税地点

（1）纳税人销售的应税消费品，以及自产自用的应税消费品，除国家另有规定的外，应当向纳税人核算地主管税务机关申报纳税。

（2）委托加工的应税消费品，除受托方为个人外，由受托方向所在地主管税务机关代收代缴消费税税款。委托个人加工的应税消费品，由委托方向其机构所在地或者居住地主管税务机关申报纳税。

（3）进口的应税消费品，由进口人或者其代理人向报关地海关申报纳税。

（4）纳税人到外县（市）销售或者委托外县（市）代销自产应税消费品的，于应税消费品销售后，向机构所在地或者居住地主管税务机关申报纳税。

（5）纳税人的总机构与分支机构不在同一县（市）的，应当分别向各自机构所在地的主管税务机关申报纳税；经财政部、国家税务总局或者其授权的财政、税务机关批准，可以由总机构汇总向总机构所在地的主管税务机关申报纳税。

六、消费税的申报

消费税的纳税申报表包括烟类应税消费品消费税纳税申报表、酒类应税消费品消费税纳税申报表、成品油消费税纳税申报表、小汽车消费税纳税申报表和其他应税消费品消费税纳税申报表五种，企业需要选择相应的申报表填写、申报。

（一）纳税人需要报送资料

根据纳税人应税项目的不同，消费税纳税人申报缴纳消费税时，分别需要报送下列资料：

（1）成品油消费税纳税申报表及其附表。

（2）烟类应税消费品消费税纳税申报表及其附表、卷烟消费税纳税申报表（批发）。

（3）酒类应税消费品消费税纳税申报表及其附表。

（4）小汽车消费税纳税申报表及其附表。

（5）其他应税消费品消费税纳税申报表及其附表。

（6）除消费税纳税申报表及其附表外，纳税人还应当提供以下资料。

1）外购应税消费品连续生产应税消费品的，提供外购应税消费品增值税专用发票（抵扣联）原件和复印件。如果外购应税消费品的增值税专用发票属于汇总填开的，除提供增值税专用发票（抵扣联）原件和复印件外，还应提供随同增值税专用发票取得的由销售方开具并加盖财务专用章或发票专用章的销货清单原件和复印件。

2）委托加工收回已税消费品连续生产应税消费品的，提供《代扣代收税款凭证》原件和复印件。

3）进口已税消费品连续生产应税消费品的，提供《海关进口消费税专用缴款书》原件和复印件。

4）以进口葡萄酒为原料连续生产葡萄酒的纳税人，提供《海关进口消费税专用缴款书》复印件。

5）销售给乙烯、芳烃类产品生产企业作为生产乙烯、芳烃类产品原料，享受免征石脑油消费税的，提供《石脑油使用管理证明单》（免税联）。

6）从事烟类应税消费品生产的，提供《各牌号规格卷烟消费税计税价格》。

7）已核定白酒消费税最低计税价格的，提供《已核定最低计税价格白酒清单》。

（二）消费税纳税申报

本书以酒厂为例介绍酒类应税消费品消费税纳税申报表的结构，以及其填写方法。其他类型的消费税纳税申报表以此类推。酒类应税消费品消费税纳税申报表如表 3-3 和表 3-4 所示。

七、纳税期限

消费税的纳税期限分别为 1 日、3 日、5 日、10 日、15 日、1 个月或者 1 个季度。纳税人的具体纳税期限，由主管税务机关根据纳税人应纳税额的大小分别核定；不能按照固定期限纳税的，可以按次纳税。

纳税人以 1 个月或者 1 个季度为 1 个纳税期的，自期满之日起 15 日内申报纳税；以 1 日、3 日、5 日、10 日或者 15 日为 1 个纳税期的，自期满之日起 5

日内预缴税款，于次月 1 日起 15 日内申报纳税并结清上月应纳税款。

纳税人进口应税消费品，应当自海关填发海关进口消费税专用缴款书之日起 15 日内缴纳税款。

如果纳税人不能按照规定的纳税期限依法纳税，将按《税收征收管理法》的有关规定处理。

任务一 酒类产品生产企业消费税纳税申报

大连某加工厂 2015 年 1 月发生如下经济业务：

10 日，销售外购卷烟 10 标准箱，开具增值税专用发票注明价款 50000 元，增值税款 8500 元。

20 日，将特制的果酒作为福利发放给职工。该酒的生产成本为 50000 元，成本利润率为 8%，适用 10% 的消费税税率。

25 日，销售自制白酒 1 吨，增值税专用发票注明价税合计 117000 元。货款已转账收讫。

28 日，销售自制啤酒 2 吨，对外开具普通发票注明价税合计 6435 元。货款已转账收讫。

30 日，委托加工白酒 8 吨，发出粮食 30 吨，每吨采购成本 2000 元，支付加工费 25000 元。该白酒无同类产品市场价格。

【学习任务】帮助企业填写纳税申报表。酒类应税消费品消费税纳税申报表如表 3-3 所示。

表 3–3　酒类应税消费品消费税纳税申报表

税款所属期：　年　月　日至　年　月　日

纳税人名称(公章)：

纳税人识别号：

填表日期：　年　月　日　　　　　　　　　　　　　金额单位：元（列至角分）

应税消费品名称 \ 项目		适用税率		销售数量	销售额	应纳税额
		定额税率	比例税率			
白酒		0.5 元/斤	20%			
啤酒		250 元/吨	—			
啤酒	甲类啤酒	250 元/吨	—			
	乙类啤酒	220 元/吨	—			
黄酒		240 元/吨	—			
其他酒		—	10%			
合计		—	—	—		

本期准予抵减税额：	**声明** 　此纳税申报表是根据国家税收法律的规定填报的，我确定它是真实的、可靠的、完整的。
本期减（免）税额：	经办人（签章）： 　　财务负责人（签章）： 　　联系电话：
期初未缴税额：	
本期缴纳前期应纳税额：	（如果你已委托代理人申报，请填写） 　　　**授权声明** 　为代理一切税务事宜，现授权（地址）
本期预缴税额：	＿＿＿为本纳税人的代理申报人，任何与
本期应补（退）税额：	本申报表有关的往来文件，都可寄予此人。
期末未缴税额：	授权人签章：

以下由税务机关填写

受理人（签章）：　　　受理日期：　年　月　日　　　受理税务机关（章）：

表 3–4　本期代收代缴税额计算表

税款所属期：　年　月　日至　年　月　日

纳税人名称(公章)：

纳税人识别号：

填表日期：　年　月　日　　　　　　　　　　　　　金额单位：元（列至角分）

项目 \ 应税消费品名称		白酒	甲类啤酒	乙类啤酒	黄酒	其他酒	合计
适用税率	定额税率	0.5 元/斤	250 元/吨	220 元/吨	240 元/吨	—	—
	比例税率	20%	—	—	—	10%	—
受托加工数量							—

续表

项目＼应税消费品名称	白酒	甲类啤酒	乙类啤酒	黄酒	其他酒	合计
同类产品销售价格				—		—
材料成本				—		—
加工费				—		—
组成计税价格				—		—
本期代收代缴税款						

【学习指导】

（1）消费税的纳税环节包括生产销售、委托加工和进口环节，以及特殊应税消费品的零售环节、卷烟的商业批发环节。销售外购卷烟不需要缴纳消费税。

（2）将自制应税消费品用于职工福利，没有同类产品市场价格按组成计税价格计算应交消费税金额：

$50000 \times (1+8\%) \times 10\% \div (1-10\%) = 6000$（元）

（3）销售含税价 117000 元，不含税价格应为 $117000 \div (1 + 17\%) = 100000$（元）。自制白酒应交消费税为 $100000 \times 20\% + 0.5 \times 1000 \times 2 = 21000$（元）。

（4）销售自制啤酒含税价 6435 元，不含税价为 $6435 \div (1 + 17\%) = 5500$（元），每吨售价 2750 元，适用每吨 220 元的税率，应纳消费税金额 $220 \times 2 = 440$（元）。

（5）委托加工白酒由受托企业代收代缴消费税。如果受托企业有同类产品市场售价，按受托企业同类产品市场售价作为计税依据，否则按组成计税价格计税。

委托加工白酒的组成计税价格 $= (2000 \times 30 + 25000 + 0.5 \times 2 \times 30000) \div (1 - 20\%) = 143750$（元），应代收代缴消费税 $143750 \times 20\% + 0.5 \times 2 \times 30000 = 58750$（元）。

此处需要注意两个问题：一是计算委托加工白酒（复合计税的应税项目）的组成计税价格时，组成计税价格 =（材料成本 + 加工费 + 消费税定额税）÷（1 - 消费税税率）；二是委托加工白酒收回环节已负担消费税不允许扣除。

任务二 烟类应税消费品消费税纳税申报

逸仙卷烟厂主要生产高档卷烟，企业相关资料如图 3-2 和图 3-3 所示。

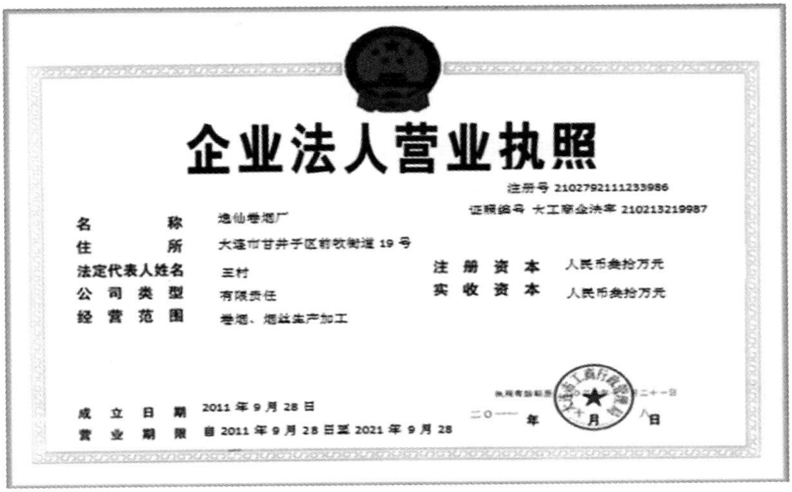

企业法人营业执照

注册号 2102792111233986

证照编号 大工商企决字 210213219987

名称 逸仙卷烟厂

住所 大连市甘井子区前牧街道 19 号

法定代表人姓名 王村

注册资本 人民币叁拾万元

公司类型 有限责任

实收资本 人民币叁拾万元

经营范围 卷烟、烟丝生产加工

成立日期 2011 年 9 月 28 日

营业期限 自 2011 年 9 月 28 日至 2021 年 9 月 28

二〇一一 年 十月 八日

图 3-2 企业法人营业执照

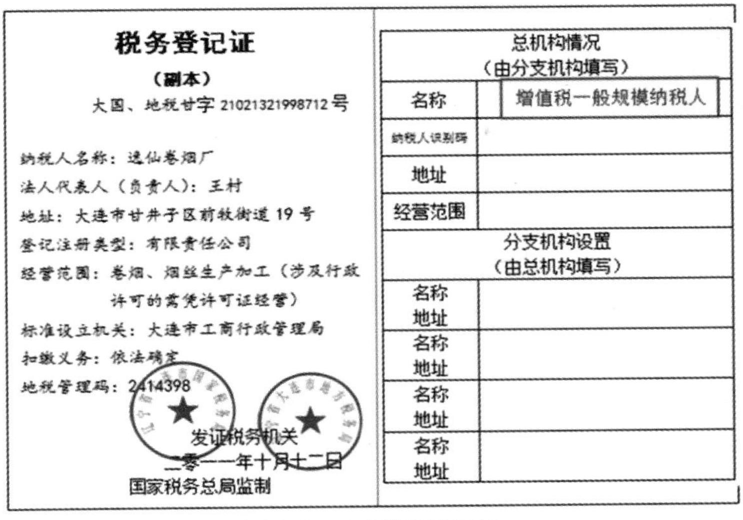

税务登记证

（副本）

大国、地税甘字 21021321998712 号

纳税人名称：逸仙卷烟厂

法人代表人（负责人）：王村

地址：大连市甘井子区前牧街道 19 号

登记注册类型：有限责任公司

经营范围：卷烟、烟丝生产加工（涉及行政许可的需凭许可证经营）

标准设立机关：大连市工商行政管理局

扣缴义务：依法确定

地税管理码：2414398

发证税务机关

二零一一年十月十二日

国家税务总局监制

总机构情况（由分支机构填写）	
名称	增值税一般规模纳税人
纳税人识别码	
地址	
经营范围	
分支机构设置（由总机构填写）	
名称 地址	
名称 地址	
名称 地址	
名称 地址	

图 3-3 企业税务登记证

2014年11月发生如下经济业务：

11月1日结存外购烟丝20万元，10月31日结存外购烟丝5万元。

11月3日，购进已税烟丝买价10万元，取得增值税专用发票，烟丝已于10日验收入库。

11月6日，发往B厂烟叶成本20万元，委托加工烟丝；支付加工费价税合计共8万元；B厂没有同类产品市场售价。

11月20日，委托B厂加工烟丝收回，款项已结算完毕，B厂开具增值税专用发票；收回烟丝直接出售一半取得含税收入25万元，生产卷烟领用另一半。

11月27日，销售自产卷烟50箱，共取得收入100万元；成本价销售外购烟丝取得收入10万元；开具增值税专用发票。

11月28日，没收销售卷烟逾期未收回的包装物押金2.34万元。

11月29日，收回委托个体户张某加工烟丝，直接出售取得收入3.5万元（发出烟叶成本2万元，支付加工费0.106万元，张某自产同类烟丝市场售价3万元），开具增值税专用发票。

【学习任务】填写消费税纳税申报表。烟类应税消费品消费税纳税申报表如表3-5、表3-6、表3-7和表3-8所示。

表3-5　烟类应税消费品消费税纳税申报表

税款所属期：　　年　月　日至　　年　月　日

纳税人名称(公章)：

纳税人识别号：☐☐☐☐☐☐☐☐☐☐☐☐☐☐☐☐☐☐

填表日期：　　年　月　日

单位：卷烟（万支）、雪茄烟（支）、烟丝（千克）　　　　　　金额单位：元（列至角分）

应税消费品名称 项目	适用税率		销售数量	销售额	应纳税额
	定额税率	比例税率			
卷烟	30元/万支	56%			
卷烟	30元/万支	36%			
雪茄烟	—	36%			
烟丝	—	30%			
合计	—	—	—	—	

续表

本期准予扣除税额：	声明 此纳税申报表是根据国家税收法律的规定填报的，我确定它是真实的、可靠的、完整的。
本期减（免）税额：	
期初未缴税额：	经办人（签章）： 财务负责人（签章）： 联系电话：
本期缴纳前期应纳税额：	（如果你已委托代理人申报，请填写） 授权声明
本期预缴税额：	为代理一切税务事宜，现授权（地址）_____为本纳税人的代理申报人，任何与本申报表有关的往来文件，都可寄予此人。 授权人签章：
本期应补（退）税额：	
期末未缴税额：	

以下由税务机关填写

受理人（签章）：　　　受理日期：　年　月　日　　　受理税务机关（章）：

表 3-6　本期准予扣除税额计算表

税款所属期：　　年　月　日至　年　月　日

纳税人名称（公章）：

纳税人识别号：

填表日期：　　年　月　日　　　　　　　　　　金额单位：元（列至角分）

一、当期准予扣除的委托加工烟丝已纳税款计算
1. 期初库存委托加工烟丝已纳税款：
2. 当期收回委托加工烟丝已纳税款：
3. 期末库存委托加工烟丝已纳税款：
4. 当期准予扣除的委托加工烟丝已纳税款：
二、当期准予扣除的外购烟丝已纳税款计算
1. 期初库存外购烟丝买价：
2. 当期购进烟丝买价：
3. 期末库存外购烟丝买价：
4. 当期准予扣除的外购烟丝已纳税款：
三、本期准予扣除税款合计：

表 3-7　本期代收代缴税额计算表

税款所属期：　　年　月　日至　　年　月　日

纳税人名称(公章)：

纳税人识别号：□□□□□□□□□□□□□□□□□□□

填表日期：　　年　月　日　　　　　　　　　　金额单位：元（列至角分）

项目 ＼ 应税消费品名称		卷烟	卷烟	雪茄烟	烟丝	合计
适用税率	定额税率	30元/万支	30元/万支	—	—	—
	比例税率	56%	36%	36%	30%	—
受托加工数量						—
同类产品销售价格						
材料成本						
加工费						
组成计税价格						—
本期代收代缴税款						

表 3-8　卷烟销售明细表

税款所属期：　　年　月　日至　　年　月　日

纳税人名称（公章）：

纳税人识别号：□□□□□□□□□□□□□□□□□□□

填表日期：　　年　月　日　　　　　　　　单位：万支、元、元/条（200支）

卷烟牌号	烟支包装规格	产量	销量	消费税计税价格	销售额	备注
略	略					
合计	—			—	—	

【学习指导】

（1）我国现行政策下，消费税一定是叠加在增值税上征收的，从价计征的情况下，两者的计税基础通常相同。

（2）企业应交消费税：

1）外购烟丝已负担消费税，继续用于应税消费品生产部分烟丝负担的消费税可以扣除。

2）收回委托加工烟丝，受托方代收代缴消费税：

$(200000 + 80000) \div (1 - 30\%) \times 30\% = 120000$（元）

其中直接出售的烟丝负担的 60000 元消费税不予扣除，继续用于加工卷烟部分烟丝已负担的 60000 元消费税准予扣除。

3）自产卷烟每箱售价 20000 元（100 万元/50 箱），适用 56% 比例税率，以及 150 元/箱的定额税率。销售自产卷烟应交消费税：

$1000000 \times 56\% + 150 \times 50 = 567500$（元）

4）外购烟丝购进时已经负担消费税，直接出售无需缴纳消费税。

需要注意的是，本期允许扣除外购烟丝已负担消费税额中，应扣除直接出售部分烟丝负担的消费税。

5）没收销售卷烟逾期未收回包装物押金，需要按卷烟的适用税率计算消费税，因不涉及数量问题，故只需计算比例税率部分。没收包装物押金应交消费税。

$23400 \div (1 + 17\%) \times 56\% = 11200$（元）

6）委托个体户加工应税消费品，收回后直接出售的，以售价为消费税计税依据，并且无需个体户代收代缴。所以，委托个体户加工烟丝应交消费税。

$35000 \times 30\% = 10500$（元）

综合以上业务，外购烟丝允许扣除消费税：

$(200000 + 100000 - 50000 - 100000) \times 30\% = 45000$（元）

委托加工烟丝代收代缴消费税 120000 元，其中允许扣除 60000 元；委托加工烟丝需自行缴纳消费税 10500 元。

该企业本期应该缴纳消费税：

$567500 + 11200 + 10500 - 45000 - 60000 = 484200$（元）

任务三 其他应税消费品消费税纳税申报

大连海润日化有限公司是增值税一般纳税人，纳税识别号为210211213584125460。2015年1月该企业生产经营情况如下：

1月2日，购买原材料A一批，取得增值税专用发票，注明价款50000元，增值税税额8500元。

1月3日，将购买的原材料A全部发往自然美家化有限公司，委托加工成化妆品B 20件。

1月19日，收回自然美家化有限公司加工的化妆品B，收到增值税专用发票注明加工费10000元，税额1700元。全部款项及自然美家化公司代收消费税均已付清。自然美家化公司无同类产品市场售价。

1月20日，将收回的化妆品B一半用于直接销售，取得不含税销售收入42850元；另一半本月全部领用，继续生产化妆品C 12件。化妆品B的期初、期末库存余额均为零。

1月26日，销售化妆品C 12件，开具的增值税专用发票注明价款100000元，税款17000元，款已收到。

1月27日，将研制生产的新化妆品E 5件赠送客户免费试用。化妆品E无市场价格，生产成本为8000元，成本利润率为5%。

1月28日，销售自产化妆品D 20件，开具增值税专用发票注明价款5000元，货已发出，款已收到。

以上款项均已通过银行收讫，所有发票均通过防伪税控系统认证。

【学习任务】填写消费税纳税申报表，详见表3-9、表3-10、表3-11和表3-12。

表3-9　其他应税消费品消费税纳税申报表

税款所属期：　　年　月　日至　　年　月　日

纳税人名称(公章)：

纳税人识别号：

填表日期：　　年　月　日　　　　　　　　　　　　金额单位：元（列至角分）

项目　　　应税消费品名称	适用税率	销售数量	销售额	应纳税额
化妆品				
合计	—	—	—	

本期准予抵减税额：	声明　　　　此纳税申报表是根据国家税收法律的规定填报的，我确定它是真实的、可靠的、完整的。
本期减（免）税额：	经办人（签章）：　　财务负责人（签章）：　　联系电话：
期初未缴税额：	
本期缴纳前期应纳税额：	（如果你已委托代理人申报，请填写）授权声明
本期预缴税额：	为代理一切税务事宜，现授权（地址）_____为本纳税人的代理申报人，任何与本申报表有关的往来文件，都可寄予此人。授权人签章：
本期应补（退）税额：	
期末未缴税额：	

以下由税务机关填写

受理人（签章）：　　　　受理日期：　　年　月　日　　　　受理税务机关（章）：

表3-10　本期准予扣除税额计算表

税款所属期：　　年　月　日至　　年　月　日

纳税人名称（公章）：

纳税人识别号：

填表日期：　　年　月　日　　　　　　　　　　　　金额单位：元（列至角分）

项目　　　应税消费品名称		化妆品	合计
当期准予扣除的委托加工应税消费品已纳税款计算	期初库存委托加工应税消费品已纳税款		—
	当期收回委托加工应税消费品已纳税款		—
	期末库存委托加工应税消费品已纳税款		—
	当期准予扣除委托加工应税消费品已纳税款		

续表

项目 ＼ 应税消费品名称		化妆品			合计
当期准予扣除的外购应税消费品已纳税款计算	期初库存外购应税消费品买价				—
	当期购进应税消费品买价				—
	期末库存外购应税消费品买价				—
	外购应税消费品适用税率				—
	当期准予扣除外购应税消费品已纳税款				
本期准予扣除税款合计					

表 3–11　本期代收代缴税额计算表

税款所属期：　　年　月　日至　　年　月　日

纳税人名称（公章）：

纳税人识别号：☐☐☐☐☐☐☐☐☐☐☐☐☐☐☐☐☐

填表日期：　　年　月　日　　　　　　　　　金额单位：元（列至角分）

项目 ＼ 应税消费品名称	化妆品			合计
适用税率				—
受托加工数量				—
同类产品销售价格				—
材料成本				—
加工费				—
组成计税价格				—
本期代收代缴税款				

表 3–12　生产经营情况表

税款所属期：　　年　月　日至　　年　月　日

纳税人名称（公章）：

纳税人识别号：☐☐☐☐☐☐☐☐☐☐☐☐☐☐☐☐☐

填表日期：　　年　月　日　　　　　　　　　金额单位：元（列至角分）

项目 ＼ 应税消费品名称	化妆品 B	化妆品 C	化妆品 E	
生产数量				
销售数量				
委托加工收回应税消费品直接销售数量				
委托加工收回应税消费品直接销售额				
出口免税销售数量				
出口免税销售额				

【学习指导】

（1）购进原材料，不涉及缴纳消费税问题。

（2）委托加工业务，由受托方企业代收代缴消费税。如果受托方企业有同类产品市场销售价格，以受托方企业同类产品市场价格作为计税依据；如果受托方企业无同类产品市场销售价格，以组成计税价格为计税依据。

化妆品 B 的组成计税价格 = （50000 + 10000）÷（1 - 30%）= 85714.29（元）

自然美家化有限公司代收代缴消费税税额 = 85714.29 × 30% = 25714.29（元）

（3）委托加工收回化妆品的一半直接用于销售，不再缴纳消费税。

委托加工收回化妆品另一半，全部用于继续生产化妆品 C，允许扣除委托加工收回环节已纳消费税额。

允许扣除消费税金额 = 25714.29 ÷ 2 = 12857.15（元）

（4）销售化妆品 C，属于用委托加工收回的已税消费品连续加工应税消费品，应税消费品销售环节应纳消费税。

销售化妆品 C 应纳消费税额 = 100000 × 30% = 30000（元）

（5）将新产品赠送客户，属于视同销售。无同类产品销售价格，应按组成计税价格计税。

化妆品 E 组成计税价格 = 8000 ×（1 + 5%）÷（1 - 30%）= 12000（元）

化妆品 E 应纳消费税额 = 12000 × 30% = 3600（元）

（6）销售自产化妆品 D，属于直接销售自产应税消费品，按销售额计算缴纳消费税。

化妆品 D 应纳消费税 = 50000 × 30% = 15000（元）

综上：

本期销售化妆品应纳消费税 = 30000 + 3600 + 15000 = 48600（元）

本期允许扣除委托加工消费品已纳税额 = 12857.15（元）

本期应纳消费税税额 = 48600 - 12857.15 = 35742.85（元）

另外，自然美家化有限公司代收代缴消费税 = 25714.29（元）

课后训练

大连海润日化有限公司是增值税一般纳税人，纳税识别号为210211213584125460。2015年5月该企业生产经营情况如下：

1. 5月5日，购买原材料A一批，取得增值税专用发票，注明价款50000元，增值税税额8500元。

2. 5月8日，将购买的原材料A全部发往自然美家化有限公司，委托加工成化妆品B 20件。

3. 5月19日，收回自然美家化有限公司加工的化妆品B，收到增值税专用发票注明加工费10000元，税额1700元。全部款项及自然美家化公司代收消费税均已付清。自然美家化公司无同类产品市场售价。

4. 5月20日，将收回的化妆品B一半用于直接销售，取得不含税销售收入42850元；另一半本月全部领用，继续生产化妆品C 12件。化妆品B的期初、期末库存余额均为零。

5. 5月26日，销售化妆品C 12件，开具的增值税专用发票注明价款100000元，税款17000元，款已收到。

6. 5月27日，将研制生产的新化妆品E 5件赠送客户免费试用。化妆品E无市场价格，生产成本为8000元，成本利润率为5%。

7. 5月28日，销售自产化妆品D 20件，开具增值税专用发票注明价款5000元，货已发出，款已收到。

8. 5月30日，进口化妆品F 100件，海关完税凭证注明该批化妆品到岸价20000美元，适用17%增值税税率和10%的关税税率。

以上款项均已通过银行收讫，所有发票均通过防伪税控系统认证。

要求：请帮助大连海润日化有限公司进行消费税的纳税申报，申报表如表3-13、表3-14、表3-15和表3-16所示。

表 3-13 其他应税消费品消费税纳税申报表

税款所属期： 年 月 日至 年 月 日

纳税人名称(公章)：

纳税人识别号：

填表日期： 年 月 日　　　　　　　　　　　金额单位：元（列至角分）

项目 应税 消费品名称	适用税率	销售数量	销售额	应纳税额
化妆品				
合计	—	—	—	

	声明
本期准予抵减税额：	此纳税申报表是根据国家税收法律的规定填报的，我确定它是真实的、可靠的、完整的。
本期减（免）税额：	经办人（签章）： 财务负责人（签章）： 联系电话：
期初未缴税额：	
本期缴纳前期应纳税额：	（如果你已委托代理人申报，请填写）
本期预缴税额：	授权声明 　为代理一切税务事宜，现授权（地址）
本期应补（退）税额：	_____为本纳税人的代理申报人，任何与本申报表有关的往来文件，都可寄予此人。
期末未缴税额：	授权人签章：

以下由税务机关填写

受理人（签章）：　　　受理日期： 年 月 日　　　受理税务机关（章）：

表 3-14　本期准予扣除税额计算表

税款所属期： 年 月 日至 年 月 日

纳税人名称（公章）：

纳税人识别号：

填表日期： 年 月 日　　　　　　　　　　　金额单位：元（列至角分）

项目	应税消费品名称	化妆品		合计
当期准予扣除的委托加工应税消费品已纳税款计算	期初库存委托加工应税消费品已纳税款			—
	当期收回委托加工应税消费品已纳税款			—
	期末库存委托加工应税消费品已纳税款			—
	当期准予扣除委托加工应税消费品已纳税款			

续表

项目	应税消费品名称	化妆品			合计
当期准予扣除的外购应税消费品已纳税款计算	期初库存外购应税消费品买价				—
	当期购进应税消费品买价				—
	期末库存外购应税消费品买价				—
	外购应税消费品适用税率				—
	当期准予扣除外购应税消费品已纳税款				
本期准予扣除税款合计					

<h3 align="center">表 3–15　本期代收代缴税额计算表</h3>

税款所属期：　　年　月　日至　　年　月　日

纳税人名称（公章）：

纳税人识别号：□□□□□□□□□□□□□□□□□□□□

填表日期：　　年　月　日　　　　　　　　　　　　金额单位：元（列至角分）

项目	应税消费品名称	化妆品			合计
适用税率					—
受托加工数量					—
同类产品销售价格					—
材料成本					—
加工费					—
组成计税价格					—
本期代收代缴税款					

<h3 align="center">表 3–16　生产经营情况表</h3>

税款所属期：　　年　月　日至　　年　月　日

纳税人名称（公章）：

纳税人识别号：□□□□□□□□□□□□□□□□□□□□

填表日期：　　年　月　日　　　　　　　　　　　　金额单位：元（列至角分）

项目	应税消费品名称	化妆品 B	化妆品 C	化妆品 E	
生产数量					
销售数量					
委托加工收回应税消费品直接销售数量					
委托加工收回应税消费品直接销售额					
出口免税销售数量					
出口免税销售额					

项目四 小税种（费）纳税申报

知识准备

本项目主要介绍城市维护建设税、教育费附加、地方教育费、土地增值税、房产税、印花税和城镇土地使用税的应纳税额的计算与纳税申报。本项目知识结构如图 4-1 所示。

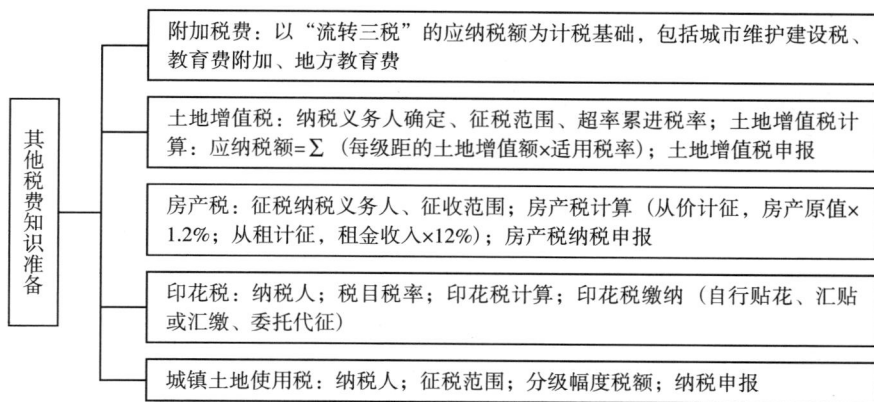

图 4-1 项目四知识结构

一、附征税费的计算与申报

附征税费是指根据增值税、消费税和营业税的应纳税额附征的城市维护建设税、教育费附加和地方教育费，通常简称"一税两费"。

(一) 城市维护建设税

城市维护建设税，简称城建税，是国家对缴纳增值税、消费税、营业税（合称"流转三税"）的单位和个人，就其实际缴纳的"三税"税额为计税依据而征收的一种税，是流转税的附加税种。

1. 城市维护建设税的征税范围

城市维护建设税的征税范围比较广。具体包括城市、县城、建制镇，以及税法规定征收"三税"的其他地区。

2. 城市维护建设税的纳税人

城市维护建设税的纳税人是在征收范围内从事工商经营，并缴纳增值税、消费税和营业税的单位和个人。不论是国有企业、集体企业、私营企业、个体工商户，还是其他单位和个人，只要缴纳增值税、消费税和营业税中的任何一种税，都必须同时缴纳城市维护建设税。

3. 城市维护建设税的税率

城市维护建设税的税率是指纳税人应缴纳城市维护建设税税额与纳税人实际缴纳的"三税"税额之间的比率。城市维护建设税采用地区差别比例税率，共分三档，如表4-1所示。

表4-1　城市维护建设税税率

档次	纳税人所在地	税率
1	市区	7%
2	县、城、镇	5%
3	不在市、县、城、镇	1%

4. 城市维护建设税的计算

（1）城市维护建设税的计税依据是纳税人实际缴纳的增值税、消费税、营业税税额之和。

（2）纳税人违反"三税"有关规定，被查补"三税"和被处以罚款时，也应对其偷漏的城市维护建设税进行补税和罚款。

（3）纳税人违反"三税"有关规定，而加收的滞纳金和罚款，不作为城市维护建设税的计税依据。

（4）出口产品退还增值税、消费税的，不退还已缴纳的城市维护建设税；进口产品需征收增值税、消费税的，不征收城市维护建设税，简称城市维护建设税"进口环节不征，出口环节不退"。

应纳税额＝（实际缴纳的增值税＋实际缴纳的消费税＋实际缴纳的营业税）×适用税率

5. 城市维护建设税的纳税地点

城市维护建设税以纳税人实际缴纳的增值税、消费税、营业税额为计税依据，因此纳税人缴纳"三税"的地点，就是该纳税人缴纳城市维护建设税的地点。

6. 城市维护建设税的纳税期限

城市维护建设税的纳税期限分别与"三税"的纳税期限一致。城市维护建设税具体纳税期限，主管税务机关根据纳税人应纳税额大小分别核定。不能按照固定期限纳税的，可以按次纳税。

由于城市建设维护税是与增值税、消费税和营业税同时征收的，所以一般情况下，城市维护建设税不单独加收滞纳金或罚款。但是，如果纳税人缴纳"三税"后，却不按规定缴纳城市维护建设税，则可以对其单独加收滞纳金或罚款。

（二）教育费附加

1. 教育费附加的征收范围

教育费附加对缴纳增值税、消费税和营业税的单位和个人征收，以其实际缴纳的增值税、消费税和营业税税额为计税依据，并分别与增值税、消费税和营业税同时缴纳。

2. 教育费附加的计征比率

教育费附加的计征比率为3%。

3. 教育费附加的计算

应纳教育费附加＝（实际缴纳增值税＋实际缴纳消费税＋实际缴纳营业税）×征收比率

4. 教育费附加的缴纳

教育费附加作为"流转三税"的附加收费，其缴纳地点、缴纳期限与城市建设维护税一致。

（三）地方教育费

地方教育费以单位和个人实际缴纳的增值税、消费税、营业税税额为计征依据，征收率为 2%。

地方教育费由地方税务部门负责征收。

二、土地增值税的计算与申报

土地增值税是对转让国有土地使用权、地上建筑物及其附着物并取得收入的单位和个人，就其转让房地产所取得的增值额征收的一种税。

（一）纳税义务人

土地增值税的纳税义务人是转让国有土地使用权、地上的建筑及其附着物（房地产），并取得收入的单位和个人。

不论法人还是自然人、不论经济性质、不论内资还是外资，只要有偿转让房地产，都是土地增值税的纳税义务人。

（二）征税范围

土地增值税的征税范围包括以下内容：

1. 转让国有土地使用权

"国有土地"是指按国家法律规定属于国家所有的土地。

2. 地上的建筑物及其附着物连同国有土地一并转让

"地上的建筑物"是指建于地上的一切建筑物及地上地下的各种附属设施；"附着物"是指附着于土地上的不能移动或一经移动即遭损坏的物品。

在实际工作中，界定一个行为是否为土地增值税的应税行为的标准有以下三条：

（1）转让的土地的使用权是否为国家所有，是判断是否属于土地增值税征税范围的标准之一。

（2）土地使用权、地上的建筑物及其附着物的产权是否发生转让是判断是否属于土地增值税征税范围的标准之二。

（3）转让过程中是否取得收入是判断是否属于土地增值税征税范围的标准之三。

（三）税率

土地增值税实行四级超率累进税率，税率表如表 4-2 所示。

表 4-2　土地增值税四级超率累进税率表

级数	增值额与扣除项目金额的比率	税率（%）	速算扣除系数（%）
1	不超过 50%的部分	30	0
2	超过 50%~100%的部分	40	5
3	超过 100%~200%的部分	50	15
4	超过 200%的部分	60	35

（四）土地增值税的计算

土地增值税的计税依据为纳税人转让土地所取得的增值额，即纳税人转让土地取得的收入减除规定扣除项目金额后的余额。

1. 应税收入的确定

纳税人转让房地产所取得的全部价款及有关的经济利益，包括货币收入、实物收入以及其他收入在内的全部收入。

2. 扣除项目的确定

转让房地产所取得的收入，允许从中扣除的项目，概括起来有以下五项：

（1）取得土地使用权所支付的金额。具体包括纳税人为取得土地使用权所支付的地价款以及纳税人在取得土地使用权时按国家统一规定缴纳的有关费用。

（2）房地产开发成本。房地产开发成本是指纳税人进行房地产开发项目实际发生的成本，主要包括：土地征用及拆迁补偿费；前期工程费；建筑安装工程费；基础设施费；公共配套设施费和开发间接费用。

（3）房地产开发费用。房地产开发费用是指与房地产开发项目有关的销售费用、管理费用和财务费用。

根据现行财务会计制度的规定，这三项费用作为期间费用，直接计入当期损益，不按成本对象进行摊销。所以，作为土地增值税扣除项目的房地产开发费用，不按纳税人房地产开发项目实际发生的费用进行扣除，而按税法规定标准进行扣除。其中，财务费用中的利息支出，在最高不超过按商业银行同类同期贷款利息计算的金额的前提下，允许据实扣除；如果纳税人不能按转让房地产项目计算分摊利息支出或不能提供金融机构贷款证明的，其允许扣除的房地产开发费用为：

（取得土地使用权所支付的金额+房地产开发成本）×10%

（4）与转让房地产有关的税金。与转让房地产有关的税金是指在转让房地产时缴纳的营业税、城市维护建设税、印花税及教育费附加。

（5）其他扣除项目。对专门从事房地产开发的企业，可按上述（1）项、（2）项规定计算的金额之和，加计20%扣除。

3. 应纳税额的计算

土地增值税按照纳税人转让房地产所取得的增值额和规定的税率计算征收。土地增值税的计算公式：

应纳税额＝∑（每级距的土地增值额×适用税率）

在实际工作中，一般采取速算扣除法计算，公式如下：

应纳税额＝增值额×适用税率－允许扣除项目金额×速算扣除系数

4. 纳税义务发生时间与纳税地点

土地增值税由房地产所在地税务机关负责征收。纳税人转让的房地产坐落在两个或两个以上地区的，应按房地产所在地分别申报缴纳土地增值税。

（五）土地增值税的纳税申报

土地增值税的纳税人主要分为两大类：一类是从事房地产开发的纳税人，即房地产开发公司；另一类是其他纳税人。这两类纳税人的申报要求有所不同。

三、房产税的计算与申报

房产税是以房产为对象，依据房产价格或房产租金收入向房产所有人或经营人征收的一种税。

（一）房产税的征税对象

房产税的征收对象是房产。所谓房产，是指有屋面和围护结构，能够遮风避雨，可供人们在其中工作、生活或储藏物质的场所。与房屋不可分割的各种附属设施或不可单独计价的配套设施，应一并征收房产税；但独立于房屋之外的建筑物（如围墙、水塔等）不征房产税。

（二）房产税的纳税义务人

房产税的纳税义务人是房屋的产权所有人。具体包括产权所有人、经营管理单位、承典人、房产代管人或者使用人。

（三）房产税的征收范围

房产税在城市、县城、建制镇和工矿区征收。房产税征税范围不包括农村，主要为了减轻农民负担、发展农村经济。

（四）房产税的计算

房产税的计税依据是房产的计税价值或租金收入。按照房产计税价值征税的，称为从价计征，按照房产租金的收入计证的，称为从租计征。

1. 从价计征

所谓从价计征，是指房产税依据房产原值一次扣除 10%~30% 后的余值计算缴纳。房产原值，指纳税人按照会计制度规定，在会计账簿等"固定资产"科目中记载的房屋原价。房产原值应包括与房屋不可分割的各种附属设备；纳税人对原有房屋改建、扩建后，要相应增加房屋的原值。

从价计征房产税的适用 1.2% 税率。

2. 从租计征

从租计征是指房产税依据房产的租金收入计算缴纳。所谓房产的租金收入，是房屋产权所有人出租房产使用权所得的权利，包括货币收入和实物收入。

从租计征房产税的税率为 12%，对个人按市场价格出租的居民住房，暂按 4% 的税率征收房产税。

（五）房产税的纳税义务发生时间

纳税人自建的房屋，自建成次月起征收房产税。

纳税人委托施工企业建设的房屋，从办理验收手续的次日起征收房产税。纳税人在办理验收手续前已经使用或出租、出借的新建房屋，应从使用或出租、出借的当日起，缴纳房产税。

纳税人将原有房产用于生产经营的，从生产经营之日起缴纳房产税。

（六）房产税的纳税期限

房产税实行按年计算，分期（半年或季度）缴纳的征收办法。具体纳税期限由省、自治区、直辖市人民政府确定。

（七）房产税的纳税地点

房产税应向房产所在地的地方税务机关缴纳。房产不在同一地方的纳税人，应按房产的坐落地点分别向房产所在地的税务机关纳税。

（八）房产税的纳税申报

房产税的纳税人应按照《中华人民共和国房产税暂行条例》的有关规定，如实填写《房产税纳税申报表》，及时向税务机关办理纳税申报。

四、印花税的计算与申报

印花税，是对经济活动和经济交往中书立、领用、领受具有法律效力的凭证的单位和个人征收的一种税。

（一）印花税的纳税义务人

在中华人民共和国境内书立、使用、领受印花税所列举的凭证并应依法履行纳税义务的单位和个人都是印花税的纳税义务人。

按照领受应税凭证的不同，纳税义务人包括立据人、立单人、立合同人、领受人和使用人5种。

值得注意的是，凡由两方或两方以上当事人共同书立应税凭证的，其当事人各方都是印花税的纳税人，应就其所执凭证的计税金额履行纳税义务。

（二）印花税的税目、税率

印花税的税目、税率如表4-3所示。

表4-3　印花税税目、税率表

应税凭证类别	税目	税率形式	纳税人
一、合同或具有合同性质的凭证	1. 购销合同	按购销金额 0.3‰	订合同人
	2. 加工承揽合同	按加工或承揽收入 0.5‰	
	3. 建设工程勘察设计合同	按收取费用 0.5‰	
	4. 建筑安装工程承包合同	按承包金额 0.3‰	
	5. 财产租赁合同	按租赁金额 1‰。税额不足 1 元，按 1 元贴花	
	6. 货物运输合同	按收取的运输费用 0.5‰	
	7. 仓储保管合同	按仓储收取的保管费用 1‰	
	8. 借款合同（包括融资租赁合同）	按借款金额 0.05‰	
	9. 财产保险合同	按收取的保险费收入 1‰	
	10. 技术合同	按记载金额 0.3‰	
二、书据	11. 产权转移书据	按记载金额 0.5‰，股票转让书据按成交价格 1‰	立据人
三、账簿	12. 营业账簿	记载资金的账簿，按实收资本和资本公积的合计 0.5‰，其他账簿按件贴花 5 元	立账簿人
四、证照	13. 权利、许可证照	按件贴花 5 元	领受人

（三）印花税的计算

适用比例税率的应税凭证，以凭证上所记载的金额为计税依据，计税公式：

应纳税额＝计税金额×比例税率

适用定额税率的应税凭证，以凭证件数为计税依据，计税公式：

应纳税额＝凭证件数×固定税额（5元）

（四）印花税的缴纳

印花税的缴纳办法可采用自行贴花、汇贴或汇缴、委托代征三种办法。

1. 自行贴花办法

自行贴花办法指纳税人根据应纳税凭证的性质和适用的科目、税率，自行计算应纳税额、自行购买印花税票、自行一次贴足印花税税票并加以注销或画销。这种办法适用于应税凭证较少或者贴花次数较少的纳税人。

2. 汇贴或汇缴办法

一份凭证应纳税额超过500元的，应向当地税务机关申请填写缴款书或纳税凭证，将其中的一联粘贴在凭证上或者由税务机关在凭证上加注完税标记代替贴花。同一种类应税凭证，需频繁贴花的，应向当地税务机关申请按期汇总缴纳印花税，汇总缴纳的期限限额由当地税务机关确定，但最长期限不超过1个月。

3. 委托代征法

委托代征办法是指税务机关委托经由发放或者办理应纳税凭证的单位代为征收印花税税款。如工商行政管理部门在核发各类营业执照和商标注册证时，受税务机关委托，代售印花税税款，并监督领受单位和个人的贴花。

五、城镇土地使用税的计算与申报

城镇土地使用税是以城镇土地为征税对象，对在城镇范围内拥有土地使用权的单位和个人征收的一种税。

（一）城镇土地使用税的纳税人

在城市、县城、建制镇、工矿区范围内使用土地的单位（含外商投资企业）和个人，均为城镇土地使用税的纳税人。

（二）城镇土地使用税的征税范围

城镇土地使用税的征税范围，包括在城市、县城、建制镇和工矿区内的国家所有和集体所有的土地。

（三）城镇土地使用税的税率（额）

城镇土地使用税实行分级幅度税额，每平方米土地年应纳税额规定如下：①大城市 1.5~30 元；②中等城市 1.2~24 元；③小城市 0.9~18 元；④县城、建制镇、工矿区 0.6~12 元。经省、自治区、直辖市人民政府批准，经济落后地区的城镇土地使用税适用税额标准可以适当降低，但降低额不得超过规定的最低税额的 30%。经济发达地区城镇土地使用税的适用税额标准可以适当提高，但须报经财政部批准。

（四）城镇土地使用税的计算

城镇土地使用税的应纳税额依据纳税人实际占用的土地面积和适用单位税额计算。计算公式如下：

应纳税额＝计税土地面积（平方米）×适用税额

（五）城镇土地使用税的纳税义务发生时间

纳税人新建商品房，自房屋交付使用之次月起计征城镇土地使用税。

纳税人购置存量房，自办理房屋权属转移、变更登记手续，房地产权属登记机关签发房屋权属证书之次月起计征城镇土地使用税。

纳税人出租、出借房产，自交付出租、出借房产之次月起计征城镇土地使用税。

房地产开发企业自用、出租、出借本企业建造的商品房，自房屋使用或交付之次月起计征城镇土地使用税。

纳税人新征用的耕地，自批准征用之日起满一年时开始缴纳城镇土地使用税。

纳税人新征用的非耕地，自批准征用之日起缴纳城镇土地使用税。

（六）城镇土地使用税的纳税期限

城镇土地使用税按年计算，分期缴纳。具体纳税期限由省、自治区、直辖市人民政府确定，一般分别按月、季、半年或一年等不同的期限缴纳。

（七）城镇土地使用税的纳税地点

城镇土地使用税的纳税地点为土地所在地，由土地所在地的税务机关负责征收。纳税人使用的土地不属于同一市（县）管辖范围内的，由纳税人分别向土地所在地的税务机关申报缴纳。在同一省（自治区、直辖市）管辖范围内，纳税人跨地区使用土地，由各省、自治区、直辖市税务机关确定纳税地点。

任务一　附征税费纳税申报

大连——服装有限公司位于大连市区。2015 年 1 月，该公司应缴纳增值税 20000 元，营业税 5000 元，另补缴 2014 年 12 月漏缴增值税 3000 元。大连市地方教育费征收率为 2%。

【学习任务】请帮助该公司进行流转费附征税费的纳税申报，申报表如表 4-4 所示。

【学习指导】

（1）城建税和教育费附加的计税依据均为纳税人实际缴纳的增值税、消费税和营业税。纳税人查补"三税"时，需要同时补缴城建税和教育费附加。

城建税适用三档地区差别税率：纳税人的所在地为市区的，税率为 7%；纳税人所在地为县城、镇的，税率为 5%；纳税人所在地不在市区、县城和镇的，税率为 1%。教育费附加的征收率为 3%。

（2）大连——服装有限公司 2015 年 1 月应纳城建税：

（20000＋5000＋3000）×7%＝1960（元）

（3）大连——服装有限公司 2015 年 1 月应纳教育费附加：

（20000＋5000＋3000）×3%＝840（元）

（4）大连——服装有限公司 2015 年 1 月应纳地方教育费：

（20000＋5000＋3000）×2%＝560（元）

表 4-4 城建税、教育费附加、地方教育附加税（费）申报表

纳税人识别号：☐☐☐☐☐☐☐☐☐☐☐☐☐☐☐☐

填表日期：　　年　　月　　日

税款所属期限：自　　年　　月　　日至　　年　　月　　日

　　　　　　　　　　　　　　　　　金额单位：元（列至角分）

纳税人信息	名称								☐单位　☐个人			
	登记注册类型						所属行业					
	身份证件号码						联系方式					
税（费）种	计税（费）依据					税率（征收率）	本期应纳税（费）额	本期减免税（费）额		本期已缴税（费）额	本期应补（退）税（费）额
	增值税		消费税	营业税	合计			减免性质代码	减免额		
	一般增值税	免抵税额									
	1	2	3	4	5=1+2+3+4	6	7=5×6	8	9	10	11=7-9-10
城建税											
教育费附加											
地方教育费											
—						—	—				
合计											
以下由纳税人填写											
纳税人声明	此纳税申报表是根据《中华人民共和国城市维护建设税暂行条例》、《国务院征收教育费附加的暂行规定》、《财政部关于统一地方教育附加政策有关问题的通知》和国家有关税收规定填报的，是真实的、可靠的、完整的。											
纳税人签章					代理人签章			代理人身份证号			
以下由税务机关填写											
受理人					受理日期		年　月　日	受理税务机关签章			

本表一式两份，一份纳税人留存，一份税务机关留存。

减免性质代码：减免性质代码按照国家税务总局制定下发的最新《减免性质及分类表》中的最细项减免性质代码填报。

任务二　土地增值税纳税申报

2015年1月，大连方正钢材有限公司转让位于市区的一个写字间，取得收入340万元，依法缴纳了有关税金。该写字间购入时的价格为200万元，已提折旧30万元，经政府批准设立的房地产评估机构评定，该写字间的交易价格为市场价格。

【学习任务】请帮助大连方正钢材有限公司进行土地增值税的纳税申报，申报表如表4-5所示。

【学习指导】

（1）土地增值税对纳税人转让存量房和转让增量房均需要计算缴纳土地增值税。

（2）土地增值税以转让房地产取得的收入，减除法定扣除项目金额后的增值额作为计税依据。土地增值税适用超额累进税率，税率如表4-6所示。

（3）本题属于企业转让存量房应缴纳土地增值税的计算。

（4）企业应缴纳土地增值税的计算。

转让房地产需要缴纳的有关税费：

营业税 = （340 - 200）× 5% = 7（万元）

城市维护建设税 = 7 × 7% = 0.49（万元）

教育费附加 = 7 × 3% = 0.21（万元）

地方教育费 = 7 × 2% = 0.14（万元）

印花税 = 340 × 0.05% = 0.17（万元）

土地增值税允许扣除项目合计 = 200 + 7 + 0.49 + 0.21 + 0.14 + 0.17 = 208.01（万元）

增值额 = 340 - 208.01 = 131.99（万元）

增值率 = 131.99 ÷ 208.01 × 100% = 63.45%，企业转让该房产适用40%的税率、5%的速算扣除系数。

表4-5 土地增值税纳税申报表

（非从事房地产开发的纳税人适用）

税务登记证号码：

居民身份证号码：

税款所属期： 年 月 日 至 年 月 日

填表日期： 年 月 日

税务计算机代码：略

缴款书号码：略

金额单位：元（人民币）

纳税人名称		略	纳税人地址		略	联系人、电话	略
经济类型			行业			直接主管部门	略
开户银行		略	账号			邮政编码	略

转让房地产详细坐落地址：

项目	行次	纳税人申报金额	携带资料：
一、转让房地产收入总额 1=2+3	1		1. 房地产价格评估报告及与转让房地产有关的房屋所有权证、房产买卖合同、委托书、公证书等有关资料
其中 转让土地收入	2		
转让地上建筑物及其附着物收入	3		2. 与转让房地产有关的税费缴纳资料：营业税、城市维护建设税、教育费附加、印花税、交易手续费、评估费等凭证
二、扣除项目金额合计 ①4=5+6+10+16+17 或②4=5+7+10+15+16+17	4		
1. 取得土地使用权所支付的金额	5		
2. 取得房产所支付的金额	6		3. 其他
3. 旧房及建筑物的评估价格 7=8×9	7		
其中 旧房及建筑物的重置成本价	8		
成新度折扣率（%）	9		个人自用住房居住起讫期：
4. 与转让房地产有关的税金 10=11+12+13+14	10		年 月 日 至 年 月 日
其中 营业税	11		
城市维护建设税	12		
教育费附加	13		备注：
印花税	14		由纳税人填写本表未尽事宜
5. 价格评估费用	15		
6. 交易手续费用	16		

续表

7. 财政部规定的其他扣除项目金额		17	备注：
三、增值额	18＝1－4	18	由纳税人填写本表未尽事宜
四、增值额与扣除项目金额之比（%）	19＝18÷4	19	
五、适用税率（%）		20	
六、速算扣除系数（%）		21	
七、应缴土地增值税额	22＝18×20－4×21	22	

如纳税人填报，出纳税人填写以下各栏			如委托代理人填报，由代理人填写以下各栏		
纳税人（签章）	经办人（签章）	会计主管（签章）	代理人名称		代理人（签章）
			地址		
			经办人	电话	

以下由税务机关填写

税务机关审核意见：		
收到申报表日期	接收人	审核人（签章）

表 4-6　土地增值税税率表

档次	级距	税率	速算扣除系数	税额计算公式	说明
1	增值额未超过扣除项目金额 50%的部分	30%	0%	增值额 30%	扣除项目指取得土地使用权所支付的金额；开发土地的成本、费用；新建房及配套设施的成本、费用或旧房及建筑物的评估价格；与转让房地产有关的税金；财政部规定的其他扣除项目。
2	增值额超过扣除项目金额 50%，未超过 100%的部分	40%	5%	增值额 40%-扣除项目金额 5%	
3	增值额超过扣除项目金额 100%，未超过 200%的部分	50%	15%	增值额 50%-扣除项目金额 15%	
4	增值额超过扣除项目金额 200%的部分	60%	35%	增值额 60%-扣除项目金额 35%	

应纳土地增值税 = 131.99 × 40% – 208.01 × 5% = 52.7960 – 10.4005 = 42.3955（万元）

特别提醒：土地增值税只对"转让"国有土地使用权的行为征税，对"出让"国有土地使用权的行为不征税。

任务三　房产税纳税申报

2014 年，大连大华商贸有限公司在公司注册地自建两栋完全一样的办公楼，建筑面积均为 400 平方米。6 月 30 日建成投入使用，入账金额合计 900 万元。其中一栋办公楼企业用于办公。

同日，企业签订合同将另一栋办公楼出租，合同期自 2014 年 7 月 1 日至 2017 年 6 月 30 日。合同约定，合同签订日一次性收取三年租金 90 万元，房屋于 6 月 30 日交付。

已知当地政府规定计算房产余值的扣除比例为 30%。

【学习任务】请帮助大连大华商贸有限公司进行 2014 年度房产税的纳税申报，申报表如表 4-7 所示。

【学习指导】

大连大华商贸有限公司应交房产税计算：

（1）分析经济业务类型，明确房产税计税方法和计税依据。企业自建自用的办公楼，按规定自建成次月缴纳房产税，计税依据为房产余值；出租、出借房产，自房产交付之次月按照租金计算缴纳房产税。

（2）出租办公楼应缴纳房产税：

年租金收入 $= 900000 \div 3 = 300000$（元）

应纳房产税 $= 300000 \times 6 \div 12 \times 12\% = 18000$（元）

（3）自用办公楼应缴纳房产税：

应纳房产税 $=$ 房产余值 $\times 1.2\%$

$\qquad = 9000000 \div 2 \times (1 - 30\%) \times 1.2\% \times 6 \div 12 = 18900$（元）

企业 2014 年应交房产税 $= 18000 + 18900 = 36900$（元）

任务四　印花税纳税申报

2015 年 1 月，小丁家政服务公司发生如下业务：

（1）领受房屋产权证、商标注册证、土地使用证各 1 件；

（2）签订一份购销合同，合同金额 300000 元，但因不可抗力最后未能履行；

（3）签订了一份借款合同，所载金额 100000 元；

（4）启用新账簿 6 本。

【学习任务】 帮助小丁家政服务公司进行印花税的纳税申报，纳税申报表如表 4-8 所示。

表4-7　房产税纳税申报表

纳税人识别码：□□□□□□□□□

申报所属期：　年　月　日　至　年　月　日

自用房屋

	房屋坐落地址	产权证号码	房屋结构及用途	房产原值	其中：法定免税房产原值	地下建筑折算比例	折算后的房产原值	计税房产余值	税率	计税月份数	本期应纳税额
		1	2	3	4	5	6	7=(4-5)×6	8=7×(1-30%)	9	10	11=8×9×10÷12
自用房屋		略										
小计												

出租房屋

	房屋坐落地址	产权证号码	房产原值	本期租金收入	其中：法定免税租金收入	税率	本期应纳税额
		12	13	14	15	16	17	18=(15-16)×17
出租房屋			略					
小计								

应纳房产税税额合计（按房产原值缴税的本期应纳税额小计+按租金收入缴税的本期应纳税额小计）

表 4-8 印花税纳税申报表

税款所属期限：自 年 月 日至 年 月 日

纳税人识别号：

纳税人名称：（公章）

填表日期： 年 月 日 金额单位：元（列至角分）

应税凭证	计税金额或件数	适用税率	核定征收		本期应纳税额	本期已缴税额	本期应补（退）税额
			核定依据	核定比例			
	1	2	3	4	5=1×2+2×3×4	6	7=5-6
购销合同		0.3‰					
加工承揽合同		0.5‰					
建设工程勘察设计合同		0.5‰					
建筑安装工程承包合同		0.3‰					
财产租赁合同		1‰					
货物运输合同		0.5‰					
仓储保管合同		1‰					
借款合同		0.05‰					
财产保险合同		1‰					
技术合同		0.3‰					
产权转移书据		0.5‰					
营业账簿（记载资金的账簿）		0.5‰	—	—			
营业账簿（其他账簿）		5	—	—			
权利、许可证照		5	—	—			
合计	—		—	—			

纳税人或代理人声明：此纳税申报表是根据国家税收法律的规定填报的，我确信它是真实的、可靠的、完整的。	如纳税人填报，由纳税人填写以下各栏		
	经办人（签章）	会计主管（签章）	法定代表人（签章）
	如委托代理人填报，由代理人填写以下各栏		
	代理人名称		代理人（公章）
	经办人（签章）		
	联系电话		

以下由税务机关填写			
受理人		受理日期	受理税务机关（签章）

【学习指导】

（1）企业领受权利许可证应按件贴花纳税，每件 5 元。

权利许可证应缴纳印花税 5×3＝15（元）

（2）企业签订购销合同，订立合同不论是否兑现均应按合同金额的 0.03% 贴花。

购销合同应缴纳印花税＝300000×0.03%＝90（元）

（3）企业签订借款合同，按借款金额的 0.005% 贴花。

借款合同应缴纳印花税＝100000×0.005%＝5（元）

（4）账簿按件贴花，每件 5 元。

账簿应缴纳印花税＝5×6＝30（元）

小丁家政服务公司 2015 年 1 月应缴纳印花税＝15＋90＋5＋30＝140（元）

任务五　城镇土地使用税纳税申报

大连方正钢材有限公司坐落于大连市甘井子区，实际占地面积 600 平方米。假设当地政府核定的城镇土地使用税税额，该公司所处地区属于四级土地，每平方米 12 元。

【学习任务】帮助大连方正钢材有限公司进行 2014 年度城镇土地使用税的纳税申报，纳税申报表如表 4-9 所示。

【学习指导】

（1）城镇土地使用税按年计算，实行级差税率。

年度应纳税额＝应税土地实际占用面积×使用税额

（2）大连方正钢材有限公司当年应交城镇土地使用税：

12×600＝7200（元）

表4-9　城镇土地使用税纳税申报表

税款所属期：　年　月　日至　年　月　日

纳税人识别号：

纳税人名称：

面积单位：平方米

金额单位：元（列至角分）

序号	土地使用证号 1	坐落地点 2	本期实际占地面积 3	法定免税面积 4	应税面积 5=3-4	土地等级 6	适用税额 7	今年应缴税额 8	缴纳次数 9	应纳税额 10=8×9÷12	本期 已纳税额 11	应补退税额 12=10-11
1	略											
合计	—	—				—	—		—			

课后训练

1. 续本项目任务一。

假设大连一一服装有限公司搬迁至县城。2015 年 1 月，该公司应缴纳增值税 20000 元，营业税 5000 元，另补缴 2014 年漏缴增值税 3000 元，缴纳税收滞纳金 150 元。大连市地方教育费征收率为 2%。

请帮助该公司进行流转费附征税费的纳税申报，纳税申报表见表 4-10。

2. 2015 年 1 月，大连蓝天房地产开发有限公司（纳税人识别号 210211211333666，法人代表魏蓝天，办税人魏刚）建设普通住宅进行销售，取得销售收入 6600 万元。

与该住宅楼开发有关的成本费用如下：

（1）取得土地使用权支付金额 1298 万元。

（2）开发成本为 2002 万元（其中，前期工程费 500 万元，建筑安装工程费 1000 万元，基础设施费 300 万元，公共配套设施费 180 万元，开发间接费用 22 万元）。

（3）发生管理费用 460 万元。

（4）销售费用 280 万元。

（5）利息费用 380 万元（该利息费用超过银行同期贷款利息，却不能准确按项目计算分摊）。

（6）企业缴纳营业税、城建税和教育费附加等合计 360 万元（其中营业税 330 万元，城建税 23.1 万元，教育费附加及其他合计 6.9 万元）。

当地政府规定，房地产开发企业发生的管理费用、销售费用、利息费用在计算土地增值税增值额时扣除比例为 10%。

要求：请帮助大连蓝天房地产开发有限公司进行土地增值税的纳税申报，申报表如表 4-11 所示。

表4-10　城建税、教育费附加、地方教育附加（费）申报表

纳税人识别号：□□□□□□□□□□□□

填表日期：　年　月　日

税款所属期限：自　年　月　日至　年　月　日

金额单位：元（列至角分）

纳税人信息	名称					所属行业					
	登记注册类型					联系方式				□单位　□个人	
	身份证件号码										

税（费）种	计税（费）依据					税率（征收率）	本期应纳税（费）额	本期减免税（费）额		本期已缴税（费）额	本期应补（退）税（费）额
	增值税		消费税	营业税	合计			减免性质代码	减免额		
	一般增值税	免抵税额									
	1	2	3	4	5=1+2+3+4	6	7=5×6	8	9	10	11=7-9-10
城建税											
教育费附加											
地方教育附加											
合计					—	—					

以下由纳税人填写

纳税人声明	此纳税申报表是根据《中华人民共和国城市维护建设税暂行条例》、《国务院征收教育费附加的暂行规定》、《财政部关于统一地方教育附加》、《国家有关税收政策的通知》和国家有关问题有关政策填报的，是真实的、可靠的、完整的。	
纳税人签章	代理人签章	代理人身份证号
	受理日期　年　月　日	受理税务机关签章

以下由税务机关填写

受理人	受理日期　年　月　日	受理税务机关签章

本表一式两份，一份纳税人留存，一份税务局留存。

减免性质代码：减免性质代码按照国家税务总局制定下发的最新《减免性质及分类表》中的最细项减免性质代码填报。

税务登记证号码：

居民身份证号码：

税款所属期： 年 月 日至 年 月 日　　填表日期： 年 月 日

表4-11 土地增值税纳税申报表
（非从事房地产开发的纳税人适用）

税务计算机代码：略
缴款书号码：略
金额单位：元（人民币）

纳税人名称：		联系人、电话：略
经济类型：	行业：	直接主管部门：略
开户银行：略	账号：	邮政编码：略

转让房地产详细坐落地址：

项目		行次	纳税人申报金额
一、转让房地产收入总额	1=2+3	1	
其中 转让土地收入		2	
转让房地上建筑物及其附着物收入		3	
二、扣除项目金额合计	①4=5+6+10+16+17 或②4=5+7+10+15+16+17	4	
1. 取得土地使用权所支付的金额		5	
2. 取得房产所支付的金额		6	
3. 旧房及建筑物的评估价格	7=8×9	7	
其中 旧房及建筑物的重置成本价		8	
成新度折扣率（%）		9	
4. 与转让房地产有关的税金	10=11+12+13+14	10	
其中 营业税		11	
城市维护建设税		12	
教育费附加		13	
印花税		14	
5. 价格评估费用		15	
6. 交易手续费用		16	

携带资料：

1. 房地产价格评估报告及与转让房地产有关的房屋所有权证、房产买卖合同、委托书、公证书等有关资料
2. 与转让房地产有关的税费缴纳凭证：营业税、城市维护建设税、教育费附加、印花税、交易手续费、评估费等凭证
3. 其他

个人自用住房居住起迄期：
年 月 日至 年 月 日

备注：
由纳税人填写本表未尽事宜

116

续表

		备注：
7. 财政部规定的其他扣除项目金额	17	（由纳税人填写本表未尽事宜）
三、增值额　18＝1－4	18	
四、增值额与扣除项目金额之比（%）19＝18÷4	19	
五、适用税率（%）	20	
六、速算扣除系数（%）	21	
七、应缴土地增值税税额　22＝18×20－4×21	22	

如纳税人填报，由纳税人填写以下各栏		如委托代理人填报，由代理人填写以下各栏	
会计主管（签章）	纳税人（签章）	代理人名称	代理人（签章）
经办人（签章）		地址	
		经办人	电话

以下由税务机关填写

接收人	审核人（签章）
税务机关审核意见：	
收到申报表日期	

117

项目五　个人所得税纳税申报

知识准备

个人所得税是以个人（自然人）取得的各项应税所得为征税对象所征收的一种税。本项目知识结构如图 5-1 所示。

一、纳税人和扣缴义务人

个人所得税的纳税人按照住所和居住时间两个标准划分为居民纳税人和非居民纳税人。

居民纳税人应履行无限纳税义务，就其来源于中国境内外的所得向我国申报纳税。非居民纳税人应履行有限纳税义务，仅就其来源于中国境内的所得向我国申报纳税。

二、应纳个人所得税的计算

个人所得税的征税对象是个人取得的应税所得，《个人所得税法》列举征税的个人所得共有 11 项。个人所得税实行分类计算，合并征收。

（一）工资、薪金所得

工资、薪金所得指个人因任职或者受雇而取得工资、薪金、奖金、年终加薪、劳动分红、津贴、补贴以及与任职或者受雇有关的其他所得。

纳税人的规定：居民纳税人，承担无限纳税义务；非居民纳税人，承担有限纳税义务

应纳税额计算：10个应税项目+其他

1. 工资薪金所得。一般工资薪金：应纳税额 =（每月收入额 – 3500 元或 – 4800 元）× 适用税率 – 速算扣除数；年终奖：应纳税额 =（纳税人当月取得的一次性奖金 – 纳税人当月工资薪金所得与费用扣除额的差额）× 适用税率 – 速算扣除数

2. 个体工商户生产经营所得：应纳税额 =（全年收入总额 – 成本费用及损失）× 适用税率 – 速算扣除数

3. 对企事业单位的承包经营、承租经营所得：视情况而定，或与 1 同，或与 2 同

4. 劳务报酬所得。加成征收，20% 税率。应纳税额 =（每次收入额 – 800）× 20%，或每次收入额 ×（1 – 20%）× 适用税率 – 速算扣除数

5. 稿酬所得。减征 30%，实际征收率为 14%。应纳税额 =（每次收入额 – 800）× 20% ×（1 – 30%），或每次收入额 ×（1 – 20%）× 20% ×（1 – 30%）

6. 特许权使用费所得。20% 税率，每次收入不足 4000 元允许扣除 800 元；超过 4000 元允许扣除 20%

7. 财产租赁所得。20% 税率，每次收入不足 4000 元允许扣除 800 元；超过 4000 元允许扣除 20%。个人出租居住用房减按 10% 征税

8. 财产转让所得。每次转让财产的收入额减去财产原值和合理费用后的余额，按 20% 征税

9. 利息、股息、红利所得。全额征税，适用 20% 税率

10. 偶然所得。全额征税，适用 20% 税率。体彩、福彩一次中奖金额不足 10000 元的，免征个人所得税

个人所得税征收方式：支付单位源泉扣缴和纳税人自行申报纳税

纳税期限：次月 15 日内缴入国库

纳税申报地点：通常向取得所得所在地主管税务机关申报。年所得 12 万元以上的纳税人，从两处或者两处以上取得工资、薪金所得的纳税人，从中国境外取得所得的纳税人，个体工商户和个人独资企业、合伙企业，税法各有规定

个人所得税知识准备

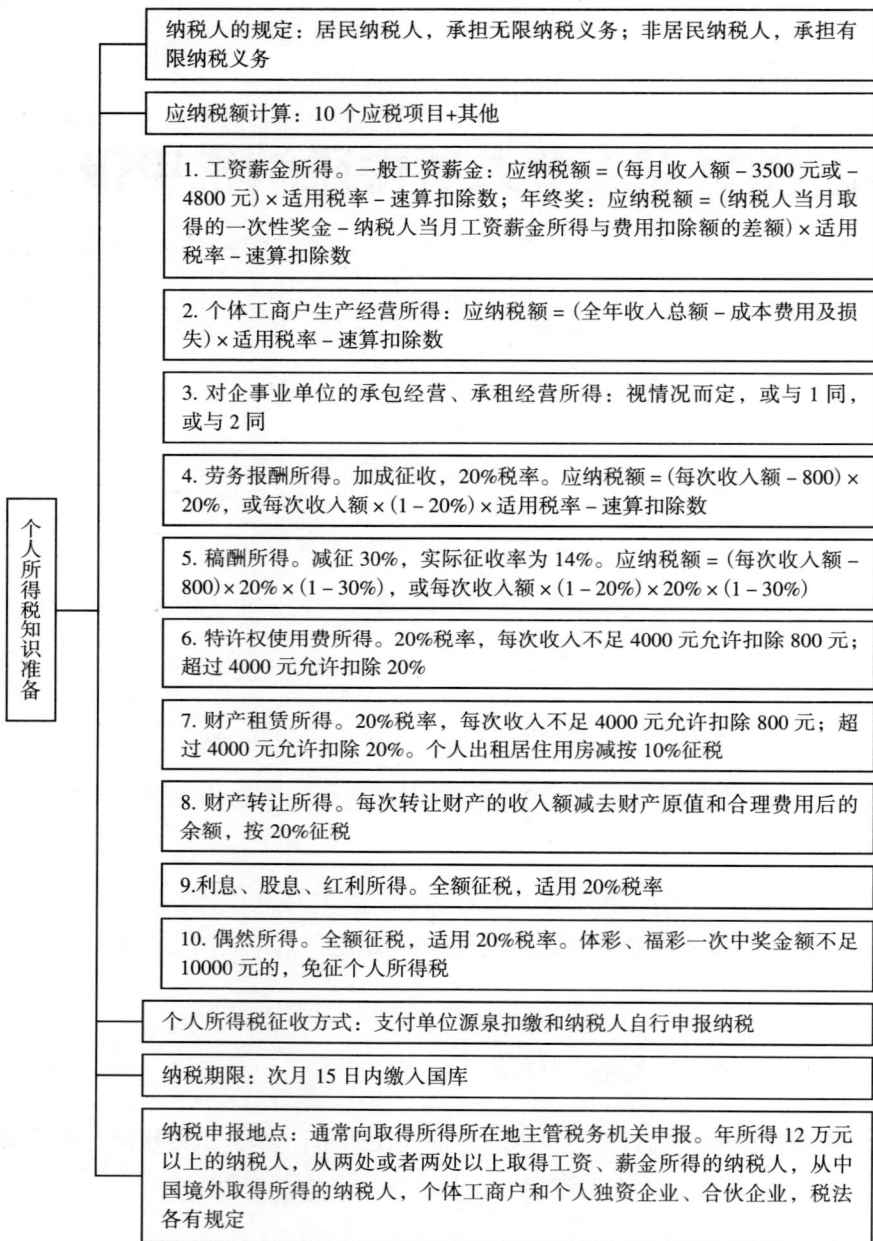

图 5-1 项目五知识结构

1. 工资薪金所得个人所得税税率

对于工资、薪金所得，根据应纳税所得额不同，分别适用 3%~45% 的超额累

进税率。工资薪金所得税率、速算扣除如表 5-1 所示。

表 5-1　工资薪金所得税率、速算扣除表

级数	全月应纳税所得额	速算扣除数	税率（%）
1	不超过 1500 元的	0	3
2	超过 1500 元至 4500 元的部分	105	10
3	超过 4500 元至 9000 元的部分	555	20
4	超过 9000 元至 35000 元的部分	1005	25
5	超过 35000 元至 55000 元的部分	2755	30
6	超过 55000 元至 80000 元的部分	5505	35
7	超过 80000 元以上的部分	13505	45

2. 工资薪金所得应纳税所得额的确认

工资薪金所得应纳税所得额是指工资总额，扣除税法规定的费用扣除数，以及个人负担的国家标准范围的"三险一金"后余额。

（1）不纳入工资总额的项目。税法规定对于一些不属于工资、薪金性质的补贴、津贴或者不属于纳税人本人工资薪金所得项目的收入，不予征税。这些项目包括：独生子女补贴；执行公务员工资制度未纳入基本工资总额的补贴、津贴差额和家属成员的副食品补贴；托儿补助费；差旅费津贴、误餐补助。

（2）费用扣除数。同时，税法允许从工资薪金总额中扣除一定金额作为养家糊口的钱，余额才是应纳税所得额。这部分作为养家糊口扣除的金额，税法中叫作"费用扣除数"，实务中也称为"生计费"。自 2011 年 3 月 1 日起，《个人所得税法》对工资、薪金所得规定的普遍适用的减除费用标准为每月 3500 元，特殊人群每月再附加减除费用 1300 元。

适用附加扣除的特殊人群包括以下各类人员：①在中国境内的外商投资企业和在外国企业中工作的外籍人员；②应聘在中国境内企业、事业单位、社会团体和国家机关中工作的外籍专家；③在中国境内有住所而在中国境外任职或受雇取得工资薪金的个人；④财政部确定的其他人员。

此外，附加减除费用也适用于华侨和中国香港同胞、中国澳门同胞、台湾同胞。

（3）个人负担的国家标准范围内的"三险一金"。在实务工作中，个人在国家标准范围内负担的医疗保险、养老保险、失业保险和住房公积金（通常简称

"三险一金")也是可以从应纳税所得额中扣除的。

工资、薪金所得实行按月计征的办法。因此,每月收入额减去3500元(或3500+1300=4800元)费用后的余额为应纳税所得额。其计算公式:

应纳税所得额=月工资、薪金收入−3500(或4800)−个人负担的国家标准范围内的"三险一金"

3. 工资薪金个人所得税计算

(1)一般工资薪金应纳个人所得税额的计算。工资薪金所得适用九级超额累进税率,按每月收入定额扣除3500元或4800元,以其余额作为应纳税所得额,按适用税率计算应纳税额。其计算公式:

工资薪金应纳税额=应纳税所得额×适用税率−速算扣除数

=(每月收入额−3500或4800元)×适用税率−速算扣除数

(2)个人取得全年一次性奖金应纳税所得额的计算。纳税人取得全年一次性奖金,单独作为一个月工资薪金所得计算纳税。如果在发放年终奖金的当月,纳税人工资薪金低于税法规定的费用扣除额,应将全年一次性奖金减除纳税人当月工资薪金所得与费用扣除额的差额后的余额作为应纳税所得额。

在一个纳税年度内,对每一个纳税人,该计税办法只允许采用一次。

纳税人取得的除全年一次性奖金以外的其他各种名目奖金,如半年奖、季度奖、加班奖、考勤奖等,一律与当月工资薪金收入合并,按税法规定计算缴纳个人所得税。企业高级管理人员适用年薪制的,按同样的方法确定适用税率计算个人所得税。

应纳税额=纳税人当月取得的一次性奖金×适用税率−速算扣除数

或:

应纳税额=(纳税人当月取得的一次性奖金−纳税人当月工资薪金所得与费用扣除额的差额)×适用税率−速算扣除数

(二)个体工商户的生产、经营所得

个体工商户的生产、经营所得包括个体工商户从事工业、手工业、建筑业、交通运输业、商业、饮食业、服务业、修理业及其他行业的生产、经营取得的所得;个人经政府有关部门批准,取得营业执照,从事办学、医疗、咨询以及其他有偿服务活动取得的所得;上述个体工商户和个人取得的与生产、经营有关的各项应税所得，以及其他个人从事个体工商业生产、经营取得的所得。

1. 个体工商户生产、经营所得的个人所得税税率

个体工商户的生产、经营所得税税率、速算扣除数如表 5-2 所示。

表 5-2 个体工商户的生产、经营所得税税率、速算扣除表

级数	全年应纳税所得额	速算扣除数	税率（%）
1	不超过 15000 元的	0	5
2	超过 15000 元至 30000 元的部分	750	10
3	超过 30000 元至 60000 元的部分	3750	20
4	超过 60000 元至 100000 元的部分	9250	30
5	超过 100000 元的部分	14750	35

个人独资企业和合伙企业为个人所得税的纳税义务人，其生产、经营所得参照个体工商户的生产、经营所得项目征税。

2. 个体工商户生产、经营所得应纳税所得额的确认

个体工商户的生产、经营所得，以每一纳税年度的收入总额，减除成本、费用以及损失后的余额，为应纳税所得额。

个体工商户的收入总额，是指个体工商户从事生产、经营活动，按照权责发生制的原则确认的各项收入总和。

个体工商户允许扣除项目如下：

（1）成本、费用。是指个体工商户从事生产、经营所发生的各项直接支出和分配计入成本的间接费用以及销售费用、管理费用和财务费用。

（2）损失。是指个体工商户在生产、经营过程中发生的各项营业外支出，包括固定资产盘亏、报废和毁损的净损失、自然灾害或以外事故损失、公益和救济性捐赠、赔偿金和违约金等。

（3）税金。是指个体工商户按规定缴纳的各种应由企业负担的税金，包括消费税、营业税、城市维护建设税、资源税、城镇土地使用税、房产税、车船税、印花税等。

个体工商户在生产、经营过程中发生的与家庭生活混用的费用，由主管税务机关核定分摊比例，据此计算确定的属于生产、经营过程中的费用，允许所得税前扣除。

个体工商户业主的工资薪金不允许扣除，但允许扣除不超过国家标准的生计

费。自 2011 年 9 月 1 日起，个体工商户生计费的扣除标准为 3500 元。

3. 个体工商户生产、经营所得个人所得税的计算

账证健全的个体工商户按账计算征收个人所得税。计算公式如下：

应纳税额 = 应纳税所得额 × 适用税率 - 速算扣除数

= （全年收入总额 - 成本费用及损失）× 适用税率 - 速算扣除数

按照有关规定，达到规定经营规模的个体工商户，必须建账。对未达到规定经营规模暂未建账或经批准暂缓建账的个体工商户，可采取定期定额、综合负担率等办法征税。

（三）对企事业单位的承包经营、承租经营所得

对企事业单位的承包经营、承租经营所得，是指个人承包经营、承租经营以及转包、转租取得的所得，包括个人按月或者按次取得的工资、薪金性质的所得。

企事业单位承包经营、承租经营所得，如果承包方仅需上缴一定的承包费用，剩下的所得由承包人所有，按"承租承包经营所得"适用五级超额累进税率计算缴纳个人所得税；如果经营所得要全部上缴企业，承包人只是从企业取得固定的承包收入，按"工资、薪金"适用七级超额累进税率计算缴纳个人所得税。

（四）劳务报酬所得

劳务报酬所得，是指个人从事设计、装潢、安装、制图、化验、测试、医疗、法律、会计、咨询、讲学、新闻、广播、翻译、审稿、书画、雕刻、影视、录音、录像、演出、表演、广告、展览、技术服务、中介服务等劳务报酬取得的收入。

上述各项所得一般属于个人独立从事自由职业取得的所得或属于个人劳动所得。是否存在雇佣与被雇佣关系，是判断一种收入是属于劳务报酬所得，还是属于工资、薪金所得的重要标准。

1. 劳务报酬所得税税率、速算扣除数表

劳务报酬所得适用加成征收，税率、速算扣除数如表 5-3 所示。

表 5-3 劳务报酬所得税率、速算扣除表

级数	每次应纳税所得额	税率（%）	速算扣除数
1	不超过 20000 元的部分	20	0
2	超过 20000 元至 50000 元的部分	30	2000
3	超过 50000 元的部分	40	7000

2. 劳务报酬所得应纳税所得额

劳务报酬所得以个人每次取得的收入，定额或定率减除规定的费用后的余额为应纳税所得额。每次收入不超过 4000 元的，定额减除费用 800 元；每次收入在 4000 元以上的，定率减除 20% 的费用。

劳务报酬所得因其一般具有不固定性、不经常性，不便于按月计算，所以税法规定按次计算确定应纳税所得额。凡属一个项目连续性收入的，以一个月内取得的收入为一次，据以确定应纳税所得额（当月跨地区的劳务报酬所得应分别计算）。

3. 应纳税额的计算

劳务报酬所得适用 20% 的比例税率，但具体的计算公式有所区别。

（1）每次收入不足 4000 元的：

应纳税额＝应纳税所得额×适用税率

$\qquad$ ＝（每次收入额－800）×20%

（2）每次收入 4000 元以上的：

应纳税额＝应纳税所得额×适用税率

$\qquad$ ＝每次收入额×（1－20%）×20%

（3）每次收入的应纳税所得超过 20000 元的：

应纳税额＝应纳税所得额×适用税率－速算扣除数

$\qquad$ ＝每次收入额×（1－20%）×适用税率－速算扣除数

（五）稿酬所得

稿酬所得是指个人因其作品以图书、报刊形式出版、发表取得的所得。这里所说的作品，包括文学作品、书画作品、摄影作品以及其他作品。

1. 稿酬所得个人所得税税率

稿酬所得每次按 20% 税率征收，但按应纳税额减征 30%，故实际征收率为 14%。

2. 稿酬所得个人所得税应纳税所得额

稿酬所得以个人每次取得的收入，定额或定率扣除规定费用后的余额为应纳税所得额。费用扣除标准与劳务报酬所得相同。

"每次取得的收入"是指以每次出版、发表作品取得的收入为一次，确定应纳税所得额。具体规定如下：

（1）个人以出版图书、报刊方式出版同一作品，不论出版单位是预付还是分笔支付稿酬，或者加印该作品后再付稿酬，均应合并为一次征税。

（2）在两处以上出版、发表或再版同一作品而取得的稿酬，则可以分别各处取得的所得或再版所得分次征税。

（3）个人的同一作品在报刊连载，应合并其因连载而取得的所得为一次。连载后又出书取得稿酬的，或先出书后连载取得稿酬的，应视同再版稿酬分次征税。

（4）作者去世后，对取得其遗作稿酬的个人，按稿酬所得征税。

3. 应纳税额的计算

稿酬所得适用 20% 的比例税率，并按规定减征 30%。其计算公式如下：

（1）每次收入不足 4000 元的：

$$应纳税额 = 应纳税所得额 \times 适用税率 \times (1-30\%)$$
$$= (每次收入额 - 800) \times 20\% \times (1-30\%)$$

（2）每次收入在 4000 元以上的：

$$应纳税额 = 应纳税所得额 \times 适用税率 \times (1-30\%)$$
$$= 每次收入额 \times (1-20\%) \times 20\% \times (1-30\%)$$

（六）特许权使用费所得

特许权使用费所得，是指个人提供专利权、商标权、著作权、非专利技术以及其他特许权的使用权取得的所得。

特许权使用费所得以个人每次取得的收入，定额或定率减除规定费用后的余额为应纳税所得额。费用减除标准与劳务报酬所得相同。

特许权使用费所得按"次"纳税，适用 20% 的比例税率。

（七）利息、股息、红利所得

利息、股息、红利所得，是指个人拥有债权、股权而取得的利息、股息和红利所得。

利息、股息、红利所得，偶然所得和其他所得，以每次收入额为应纳税所得额，不扣除任何费用。其应纳税额的计算公式为：

$$应纳税额 = 应纳税所得额 \times 适用税率$$

（八）财产租赁所得

财产租赁所得，是指个人出租建筑物、土地使用权、机器设备、车船以及其他财产取得的所得。

财产租赁所得以一个月为一次计算缴纳个人所得税，适用 20% 的比例税率。

自 2001 年 1 月 1 日起，对个人出租房屋取得的所得暂减按 10% 的税率征收个人所得税。

（九）财产转让所得

财产转让所得是指个人转让机器设备、建筑物、有价证券等取得的所得。

财产转让所得按照一次转让财产的收入额减除财产原值和合理费用后的余额，按照 20% 的税率计算缴纳个人所得税。

股权转让包括以出售、回购、投资、分割、赠与、非货币性资产交换、以所持有的股权抵偿债务等各种形式改变股权所有权属的行为。只要是股权发生了实质上的转移，都应当属于股权转让行为，自然人股东取得所得应按规定缴纳个人所得税。

从 2015 年 10 月 1 日起，个人股权转让按照股权转让收入减除股权原值和合理费用后的余额，按照"财产转让所得"项目计算缴纳个人所得税。

目前，我国对股票转让所得暂免征个人所得税。

（十）偶然所得

偶然所得指个人得奖、中奖、中彩以及其他偶然性质的所得。偶然所得全额征税，适用 20% 的比例税率。

我国现行制度规定，个人购买体育彩票、福利彩票，一次中奖金额不足 10000 元的，免征个人所得税。一次中奖金额超过 10000 元的，按全额征税。

三、税款征收方式

我国个人所得税采取由支付单位源泉扣缴和纳税人自行申报纳税两种征收方法。

（一）支付单位源泉扣缴方法

个人所得税以所得人为纳税人，以支付所得的单位或者个人为扣缴义务人。扣缴义务人向个人支付应税款项（包括现金形式支付、实物形式支付以及其他各种形式支付）时，应当依照税法规定代扣代缴税款。

凡支付个人应纳税所得的企业（公司）、事业单位、机关、社团组织、军队、驻华机构、个体户等单位或者个人，为个人所得税的扣缴义务人。

纳税义务人的 11 个应税所得项目中，除个体工商户的生产、经营所得之外，均属代扣代缴范围。

扣缴义务人向个人支付应纳税所得（包括现金、实物和有价证券）时，均应代扣代缴其应付的个人所得税税额。扣缴义务人依法履行代扣代缴税款义务时，纳税人不得拒绝。

（二）自行申报缴纳方法

《个人所得税自行纳税申报办法（试行）》(以下简称《办法》) 明确规定了纳税人须向税务机关进行自行申报的 5 种情形：①年所得 12 万元以上的；②从中国境内两处或两处以上取得工资薪金所得的；③从中国境外取得所得的；④取得应税所得，没有扣缴义务人的；⑤国务院规定的其他情形。

四、个人所得税纳税期限

扣缴义务人每月所扣的税款，应当在次月 15 日内缴入国库。

个体工商户和个人独资、合伙企业投资者取得的生产、经营所得应纳的税款，分月预缴的，纳税人在每月终了后 15 日内办理纳税申报；分季预缴的，纳税人在每个季度终了后 15 日内办理纳税申报。纳税年度终了后，纳税人在 3 个月内进行汇算清缴。

纳税人年终一次性取得对企事业单位的承包经营、承租经营所得的，自取得所得之日起 30 日内办理纳税申报；在一个纳税年度内分次取得承包经营、承租经营所得的，在每次取得所得后的次月 15 日内申报预缴，纳税年度终了后 3 个月内汇算清缴。

从中国境外取得所得的纳税人，在纳税年度终了后 30 日内向中国境内税务机关办理纳税申报。

纳税人取得其他各项所得须申报纳税的，在取得所得的次月 15 日内向主管税务机关办理纳税申报。

纳税人、扣缴义务人不能按期办理纳税申报或者报送代扣代缴、代收代缴税款报告表的，经税务机关核准，可以延期申报。

五、纳税申报地点

在中国境内有任职、受雇单位的，向任职、受雇单位所在地主管税务机关申报。

从两处或者两处以上取得工资、薪金所得的，选择并固定向其中一处单位所在地主管税务机关申报。

从中国境外取得所得的，向中国境内户籍所在地主管税务机关申报。在中国境内有户籍，但户籍所在地与中国境内经常居住地不一致的，选择并固定向其中一地主管税务机关申报。在中国境内没有户籍的，向中国境内经常居住地主管税务机关申报。

个体工商户向实际经营所在地主管税务机关申报。

个人独资、合伙企业投资者兴办两个或两个以上企业的，区分不同情形确定纳税申报地点：兴办的企业全部是个人独资性质的，分别向各企业的实际经营管理所在地主管税务机关申报；兴办的企业中含有合伙性质的，向经常居住地主管税务机关申报；兴办的企业中含有合伙性质，个人投资者经常居住地与其兴办企业的经营管理所在地不一致的，选择并固定向其参与兴办的某一合伙企业的经营管理所在地主管税务机关申报。

除以上情形外，纳税人应当向取得所得所在地主管税务机关申报。

纳税人不得随意变更纳税申报地点，因特殊情况变更纳税申报地点的，须报原主管税务机关备案。

任务一　工资薪金个人所得税代扣代缴纳税申报

大连华泽商贸有限公司 2014 年 12 月工资计算表如表 5-4 所示。

【学习任务】根据资料，填写扣缴个人所得税报告表，详见表 5-5。

表 5-4 大连华泽商贸有限公司工资计算表

部门	姓名	身份证号码	基本工资	岗位工资	奖金	应领工资	公积金	医疗保险	养老保险	工会经费	个人所得税	实发工资
管理部门	张艺	210211196601011111	3000	1500	500	5000	500	100	400	50	15	3935
管理部门	王尔	210202197012121212	2000	1500	500	4000	400	80	320	40	0	3160
营销人员	赵晓	210212198002020202	1000	0	2500	3500	350	70	280	35	0	2765
营销人员	黄兴	210202197601110205	1000	0	2300	3300	330	66	264	33	0	2607
营销人员	肖钰	210204197903063369	1000	0	1800	2800	280	56	224	28	0	2212
营销人员	震东	210203197409055233	1000	0	1200	2200	220	44	176	22	0	1738
营销人员	董冬	210201198506091159	1000	0	1600	2600	260	52	208	26	0	2054
营销人员	刘畅	210202198207070862	1000	0	1900	2900	290	58	232	29	0	2291
合计			11000	3000	12300	26300	2630	526	2104	263	15	20762

表5-5 扣缴个人所得税报告表

扣缴义务人名称（章）：

扣缴义务人识别号：□□□□□□□□□□□

申报日期：

单位：元 （列至角分）

申报类型：√ 1. 正常申报 2. 补充申报 3. 专项检查 4. 查前提醒 5. 纳税评估（评估编号：   ）

序号	姓名(1)	证照类型(2)	证照号码(3)	国籍或地区(4)	是否雇员(5)	职业(6)	职务(7)	所得项目(8)	所得起始日期(9)	所得终止日期(10)	税款负担形式(11)	收入额(12)	"三险一金"合计(13)	其他扣除项目额(14)	应纳税所得额(15)	税率(%)(16)	应纳税额(17)	本期已缴(扣)税额(18)	减免税额(19)	实际应纳税额(20)
本期单位总人数																			
其中特定行业计税办法人数																			
其中纳税总人数																			
本期非本单位人数																			
其中纳税人数																			

计税人员收入总额

其中：纳税人收入总额

"三险一金"总额

应纳税所得额合计

减免税额合计

本期实缴税额合计

缴款书号码

纳税评估 本期实缴税额合计

扣缴人声明：

本单位的纳税申报表是根据《中华人民共和国个人所得税法》的有关规定填报的，我确信它是真实的、可靠的、完整的。

法定代表人（负责人）签字：

财务负责人签字：

填表人：

授权人声明

现授权   为本纳税人的代理申报人，其法人代表的任何与申报有关的往来文件，都可寄此代理机构。

委托代理合同号码：

授权人签字： 年 月 日

代理人声明

本纳税申报表是按照国家税法和税务机关有关规定填报的，我确信它是真实的、合法的。如有不实，我愿承担法律责任。

代理人（法定代表人）签名：

经办人（代理人盖章）： 年 月 日

受理人：

受理时间： 年 月 日

受理申报机关：

本表一式两份，经税务机关受理后，退纳税人一份，税务机关留存一份。

【学习指导】

（1）根据个人所得渠道不同，个人所得税纳税申报表包括扣缴个人所得税报告表、个体工商户的生产经营所得纳税申报表等，针对年所得超过 12 万元的个人，还有专门的个人所得税纳税申报表。

（2）本题资料反映的是工资薪金的个人所得税纳税申报，应由单位代扣代缴，应该填写"扣缴个人所得税报告表"。

任务二　劳务报酬个人所得税代扣代缴纳税申报

2015 年 6 月 20 日，大连华丰商贸有限公司聘请大学老师王丹弋（身份证号码 210211196910189596）为公司进行形象设计，支付劳务费 20000 元，并代扣代缴个人所得税。

7 月 10 日，大连华丰商贸有限公司进行个人所得税纳税申报。请帮助大连华丰商贸有限公司进行个人所得税代扣代缴纳税申报。

大连华丰商贸有限公司 2015 年 6 月正式员工工资表略。

【学习任务】填写扣缴个人所得税纳税申报表，如表 5-6 所示。

【学习指导】劳务报酬按次纳税。

每次收入不足 4000 元的，允许扣除 800 元，余额为应纳税所得额；每次收入超过 4000 元的，允许扣除 20%，余额为应纳税所得额。

纳税人一次收入畸高的，劳务报酬所得有加成征收的规定。

本任务中，按照收入总额扣除 20% 的余额作为应纳税所得额，适用 20% 税率。应纳个人所得税 = 20000 × （1 − 20%）× 20% = 3200（元）。

表5-6 扣缴个人所得税报告表

扣缴义务人名称（章）：

扣缴义务人识别号：

申报日期：　　　　　　　　　　　　　　　　　　　　单位：元（列至角分）

申报类型：√　1. 正常申报　2. 补充申报　3. 专项检查　4. 查前提醒　5. 纳税评估（评估编号：　　　）

本期单位总人数																				
其中特定行业计税办法人数																				
其中纳税总人数																				
本期非本单位人数																				
其中纳税人数																				

序号	姓名(1)	证照类型(2)	证照号码(3)	国籍或地区(4)	是否雇员(5)	职业(6)	职务(7)	所得项目(8)	所得起始日期(9)	所得终止日期(10)	税款负担形式(11)	收入额(12)	"三险一金"合计(13)	其他扣除项目额(14)	应纳税所得额(15)	税率(%)(16)	应纳税额(17)	本期已缴(扣)税额(18)	减免税额(19)	实际应纳税额(20)

计税人员收入总额
其中：纳税人收入总额
"三险一金"总额
应纳税所得额合计
本期实缴税额合计
减免税额合计

缴款书号码

扣缴义务人声明：本单位的纳税申报表是根据《中华人民共和国个人所得税法》的有关规定填报的，我确信它是真实的、可靠的、完整的。

法定代表人（负责人）签字：
财务负责人签字：
填表人签字：　　　　　　　年 月 日

授权人声明：现授权　　　　　　　　　　为本纳税人的代理申报人，其法人代理申报的任何与申报有关的文件，都可寄此代理机构。
委托代理合同号码：
授权人签字：　　　　　年 月 日

代理人声明：本纳税申报表是按照国家税收法规和税务机关有关规定填报的，我确信它是真实的、合法的。如有不实，我愿承担法律责任。
代理人（法定代表人）签名：
经办人签名：
（代理人盖章）　　　　　年 月 日

受理人：　　　　受理时间：　　　年 月 日　　　受理申报机关：

注：本表一式两份，经税务机关受理后，退纳税人一份，税务机关留存一份。

133

任务三　个人所得税自行申报纳税

王丹弋（身份证号码 210211196910189596）是一名大学老师，2014 年收入情况如下：

（1）取得所在的企业支付的工资 4000 元，讲课费 4500 元。

（2）业余时间为企业做系列培训，本月共取得劳务费 20000 元。

（3）出版一部专著，取得稿酬收入 21000 元。

（4）购买福利彩票中奖收入 8000 元。

（5）为企业做形象设计，取得劳务报酬 20000 元。

王丹弋所在单位按工资总额的 2% 扣缴医疗保险，8% 扣缴养老保险，10% 比例扣缴住房公积金。王丹弋所有收入均已按规定标准由支付报酬单位足额扣缴个人所得税。

【学习任务】请在 2015 年 1 月 20 日帮助王丹弋完成个人所得税的自行申报工作，纳税申报表如表 5-7 所示。

表5-7 个人所得税纳税申报表
（适用于年所得12万元以上的纳税人申报）

所得年份：

金额单位：元（列至角分）

纳税人姓名		国籍（地区）		身份证照类型		身份证照号码	
任职、受雇单位		略		任职受雇单位所属行业		职务	职业
在华天数		任职受雇单位税务代码		境内有效联系地址			联系电话
此行由取得经营所得的纳税人填写	经营所得的纳税人识别号		境内有效联系地址邮编		经营单位纳税人名称		

填表日期： 年 月 日

| 所得项目 | 年所得额 | | | 应纳税所得额(4) | 应纳税额(5) | 已缴(扣)税额(6) | 抵扣税额(7) | 减免税额(8) | 应补税额(9) | 应退税额(10) | 备注 |
	境内(1)	境外(2)	合计(3)								
1. 工资、薪金所得											
2. 个体工商户的生产、经营所得											
3. 对企事业单位的承包经营、承租经营所得											
4. 劳务报酬所得											
5. 稿酬所得											
6. 特许权使用费所得											
7. 利息、股息、红利所得							—	—	—	—	
8. 财产租赁所得							—	—	—	—	
9. 财产转让所得							—	—	—	—	
其中：股票转让所得							—	—	—	—	
个人房屋转让所得											
10. 偶然所得							—	—	—	—	
11. 其他所得							—	—	—	—	
合计											

我声明，此纳税申报表是根据《中华人民共和国个人所得税法》及有关法律法规的规定填报的，我保证它是真实的、可靠的、完整的。

代理人名称： 联系电话：

纳税人（签字）： 代理人（签字）： 税务机关受理人： 税务机关受理时间： 年 月 日 受理申报税务机关名称（盖章）：

135

【学习指导】

（1）王丹弋工资薪金应纳个人所得税：

$((4000+4500)-3500-(4000+4500)\times(2\%+8\%+10\%))\times10\%-105=225$（元）

12个月合计：$225\times12=2700$（元）。

（2）培训费应纳个人所得税：$20000\times(1-20\%)\times20\%=3200$（元）。

（3）稿酬应纳个人所得税：$21000\times(1-20\%)\times20\%\times(1-30\%)=2352$（元）。

（4）福彩中奖金额不足10000元，免征个人所得税。

（5）劳务报酬应纳个人所得税：$20000\times(1-20\%)\times20\%=3200$（元）。

合计：$2700+3200+2352=11452$（元）。

个人所得税通常由支付劳动报酬的单位代扣代缴。符合以下条件的，还需要按规定办法自行办理纳税申报：年所得12万元以上的；从中国境内两处或两处以上取得工资、薪金所得的；从中国境外取得所得的；取得应税所得，没有扣缴义务人的；国务院规定的其他情形。

课后训练

2014年12月31日，大连华丰商贸有限公司部门经理张三（身份证号码210211196801015551）月薪8000元，应交社会统筹1000元，工资以现金形式发放。

要求：

（1）计算张三的实发工资额。

（2）做发放工资的会计处理（假设该企业共有员工20人，只有张三达到个人所得税纳税标准）。

（3）做代扣代缴个人所得税的纳税申报，申报表如表5-8所示。

扣缴义务人名称（章）：

扣缴义务人识别号：

申报日期：

申报类型：√ 1. 正常申报 2. 补充申报 3. 专项检查 4. 查前提醒 5. 纳税评估（评估编号： ）

单位：元（列至角分）

表 5-8 扣缴个人所得税报告表

本期单位总人数		
其中特定行业计税办法人数		
其中纳税总人数		
本期非本单位人数		
其中纳税人数		

计税人员收入总额 ———— 其中：纳税人收入总额 ————

"三险一金"总额 ————

应纳税所得额合计 ————

减免税额合计 ————

本期实缴税额合计 ————

缴款书号码 ————

序号	姓名 (1)	证照类型 (2)	证照号码 (3)	国籍或地区(4)	是否雇员 (5)	职业 (6)	职务 (7)	所得项目 (8)	所得起始日期 (9)	所得终止日期 (10)	税款负担形式 (11)	收入额 (12)	"三险一金"合计 (13)	其他扣除项目额 (14)	应纳税所得额 (15)	税率(%) (16)	应纳税额 (17)	本期已缴(扣)税额 (18)	减免税额 (19)	实际应纳税额 (20)

扣缴义务人声明：本单位的纳税申报表是根据《中华人民共和国个人所得税法》的有关规定填报的，我确信它是真实的、可靠的、完整的。

法定代表人（负责人）签字： 年 月 日

财务负责人签字： 年 月 日

填表人签字： 年 月 日

授权人声明：现授权 为本人纳税申报人，其法人代表电话任何与申报有关的任来文件，都可寄此号码。委托此代理机构。授权人签名： 年 月 日

代理人声明：本纳税申报表是按照国家税法和税务机关有关规定填报的，我确信它是真实的、合法的。如有不实，我愿承担相应法律责任。

代理人（法定代表人）签名：

代办人签名：

经办人（代理人盖章） 年 月 日

受理人： 受理时间： 年 月 日 受理申报机关：

本表一式两份，经税务机关受理后，退纳税人一份，税务机关留存一份。

项目六 企业所得税纳税申报

知识准备

企业所得税是对中国境内企业和其他取得收入的组织，就其应纳税所得额征收的一种税。

实践工作中，企业所得税纳税人有三种界定方式，即公司所得税、企业所得税和法人所得税。从范围上讲，公司所得税法的范围最小，其次是企业所得税法，最后是法人所得税法。中国民法通则把民事主体划分为法人和自然人，相应设立法人所得税法和个人所得税法。也就是说，我国的企业所得税是对法人单位的所得征收的一种税。本项目的知识结构如图6-1所示。

一、纳税义务人

在中华人民共和国境内，企业和其他取得收入的组织（以下统称企业）为企业所得税的纳税人，均为企业所得税的纳税义务人。

企业分为居民企业和非居民企业。居民企业应当就其来源于中国境内、境外的所得缴纳企业所得税，承担无限纳税义务。非居民企业仅就其来源于中国境内的所得缴纳企业所得税，承担有限纳税义务。

个人独资企业、合伙企业不是企业所得税的纳税人。

企业所得税纳税人：居民纳税人、非居民纳税人

征税范围规定。居民企业：境内境外所得；非居民企业：境内所得

税率：适用 25% 税率；有 20% 和 15% 的优惠税率

企业所得税知识准备

企业所得税计算

应纳税所得额 = 收入总额 – 免税收入 – 准予扣除项目金额 – 税前弥补以前年度亏损额

准予扣除项目：全额扣除；按标准扣除；不允许扣除

核算征收法下企业所得税计算；核定征收法下企业所得税计算

纳税地点：纳税人实际经营管理地的主管税务机关；特殊规定

税款缴纳方法：按年计算，分月或者分季预缴，年终汇算清缴

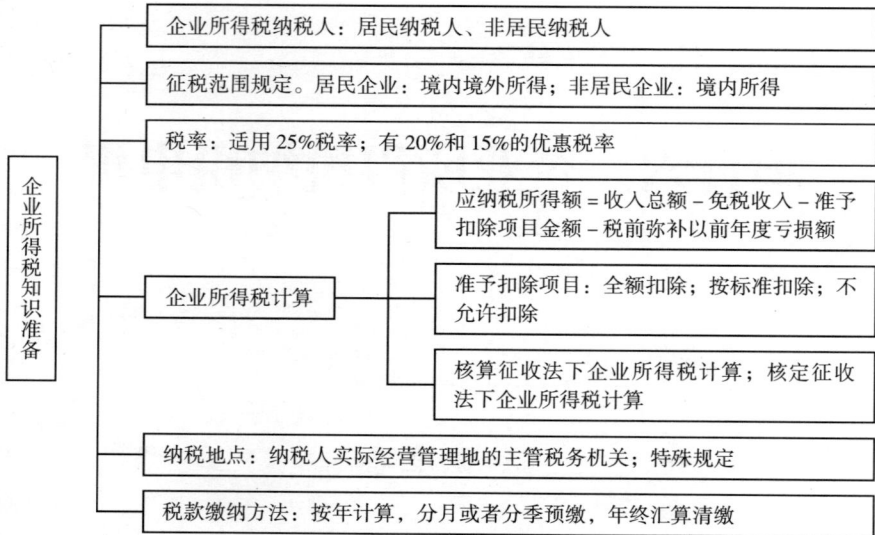

图 6-1　项目六知识结构

二、课税对象

企业所得税征税对象包括纳税人的生产经营所得和其他所得。生产经营所得，是指从事物质生产、交通运输、商品流通、劳务服务，以及经国务院财政、税务部门确认的其他营利事业取得的所得。其他所得，是指股息、利息、租金、转让各类财产、特许权使用费以及营业外收益等所得。

对于居民企业来说，生产经营所得和其他所得包括来源于中国境内、境外的所得。

对于非居民企业来说，凡在中国境内设立机构、场所的，应当就其机构、场所取得的来源于中国境内的所得，以及发生在中国境外但与其所设机构、场所有实际职系的股息、租金、利息、特许权使用费和其他所得缴纳企业所得税。非居民企业在中国境内未设立机构、场所的，或者虽设立机构、场所，但取得的所得与其所设机构、场所没有实际联系的，应当就其来源于中国境内的所得缴纳企业所得税。

三、税率

企业所得税适用 25% 的比例税率。

非居民企业在中国境内未设立机构、场所的，或者虽设立机构、场所，但取得的所得与其所设机构、场所没有实际联系的，适用 20% 的税率在中国缴纳企业所得税。

符合条件的小型微利企业，减按 20% 的税率征收企业所得税。

国家需要重点扶持的高新技术企业，减按 15% 的税率征收企业所得税。

四、企业所得税计算

（一）应纳税所得额的确定

企业每一纳税年度的收入总额，减除不征税收入、免税收入、各项扣除以及允许弥补的以前年度亏损后的余额，为应纳税所得额。其基本计算公式为：

应纳税所得额＝收入总额－免税收入－准予扣除项目金额－税前弥补以前年度亏损额

纳税人在计算应纳税所得额时，按照税法规定计算出的应纳税所得额与企业按照财务会计制度计算的会计所得额（即会计利润），在很多情况下是不一致的。当税法与会计准则有矛盾时，应按税法标准予以调整。

1. 收入总额

企业以货币形式和非货币形式从各种来源取得的收入，为收入总额。具体包括：销售货物收入；提供劳务收入；转让财产收入；股息、红利等权益性投资收益；利息收入；租金收入；特许权使用费收入；接受捐赠收入和其他收入。

2. 不征税收入

收入总额中的下列收入为不征税收入：财政拨款；依法收取并纳入财政管理的行政事业性收费、政府性基金；国务院规定的其他不征税收入。

3. 准予扣除项目

企业实际发生的与取得收入有关的、合理的支出，包括成本、费用、税金、损失和其他支出，准予在计算应纳税所得额时扣除。

（1）成本。指纳税人销售商品（产品、材料、废旧物资等）、提供劳务以及转让固定资产、无形资产的成本。企业真实发生的成本，取得合法的成本入账凭据，可以据实在企业所得税前扣除。

（2）费用。指纳税人每一纳税年度生产、经营商品和提供劳务等所发生的可扣除的销售费用、管理费用和财务费用。

税法规定，下列费用可以按照规定范围和标准扣除：

1）借款利息支出。纳税人在生产、经营期间，向金融机构借款的利息支出，按照实际发生数扣除；向非金融机构借款的利息支出，按不高于金融机构同期、同类贷款利率计算的数额扣除。纳税人用于建造、购置固定资产，开发、购置无形资产，以及筹办期间发生利息支出，按规定应予资本化的，不得在所得税前扣除。

2）工资薪金支出。企业真实合理的工资支出据实扣除。

3）职工工会经费、职工福利费、职工教育经费。企业实际发生的三项经费，可以在工资总额的 2%、14%、2.5%范围内计算扣除。

4）公益、救济性的捐赠。纳税人用于公益、救济性的捐赠，在年会计利润总额 12%以内部分，准予扣除。

5）业务招待费。企业发生的与生产经营活动有关的业务招待费支出，按照发生额的 60%扣除，但最高不得超过当年销售（营业）收入的 5‰。

纳税人申报扣除的业务招待费，应提供能证明真实性的有效凭证或资料，不能提供资料的，不得在税前扣除。

6）"五险一金"。企业依照国务院有关主管部门或者省级人民政府规定的范围和标准为职工缴纳的基本养老保险费、基本医疗保险费、失业保险费、工伤保险费、生育保险费等基本社会保险费和住房公积金，准予扣除。

7）财产保险和运输保险费用。纳税人参加财产保险和运输保险，按照规定缴纳的保险费用，准予扣除。

纳税人按国家规定为特殊工种职工支付的法定人身安全保险费，准予在计算应纳所得税时据实扣除。

保险公司给予纳税人的无赔款优待，应计入当年应纳税所得额。

8）固定资产租赁费。纳税人以经营租赁方式租入固定资产的租赁费，可根据受益时间均匀扣除。纳税人以融资租赁方式取得的固定资产，其租金支出不得扣除，但可以按规定提取折旧费用。

9）资产减值准备。企业持有各项资产期间资产增值或者减值，除国务院财政、税务主管部门规定可以确认损益外，不得调整该资产的计税基础。

10）资产盘亏、毁损净损失。纳税人当期发生的固定资产和流动资产盘亏、毁损净损失，经主管税务机关审核后，准予扣除。

11）广告费和业务宣传费。企业发生的符合条件的广告费和业务宣传费支出，除国务院财政、税务主管部门另有规定外，不超过当年销售（营业）收入15%的部分，准予扣除；超过部分，准予在以后纳税年度结转扣除。

12）研发费用。企业为开发新技术、新产品、新工艺发生的研究开发费用，未形成无形资产计入当期损益的，在按照规定据实扣除的基础上，按照研究开发费用的50%加计扣除；形成无形资产的，按照无形资产成本的150%摊销。

除上述各项之外，还包括全国人大及其常务委员会通过的法律、国务院公布的行政法规和财政部、国家税务总局规定的有关税前扣除项目。

根据所得税条例规定，在计算应纳税所得额时，下列项目不得从收入总额中扣除：①向投资者支付的股息、红利等权益性投资收益款项；②企业所得税税款；③税收滞纳金、罚款；④违法经营的罚金、罚款和被没收财物的损失；⑤超过扣除限额的捐赠支出；⑥赞助支出；⑦未经核定的准备金支出；⑧与取得收入无关的其他支出。

（3）税金。税金是指纳税人按规定缴纳的消费税、营业税、资源税、关税、城市维护建设税、教育费附加等。

已经计入管理费用的税金，不再做销售税金单独扣除。企业缴纳增值税是价外税，故不在扣除之列。

（4）损失。损失是指纳税人生产、经营过程中的各项营业外支出、已发生经营亏损和投资损失，以及其他损失。

纳税人财务会计处理与税法规定不一致时，应按税收规定予以调整。纳税人不能提供完整、准确收入及成本、费用凭证的，不能正确计算应纳税所得额的，税务机关有权核定其应纳税所得额。

4. 亏损弥补

企业所得税法规定，纳税人发生年度亏损的，可以用下一纳税年度的所得弥补；下一纳税年度的所得不足弥补的，可以逐年延续弥补，但是延续弥补期最长不得超过5年。5年内不论是盈利还是亏损，都作为实际弥补期限计算。

这里所说的亏损，不是企业财务报表中反映的亏损额，而是经主管税务机关按税法规定核实调整后的金额。

（二）应纳税额的计算

企业所得税实行按年计征、分月或分季预缴、年终汇算清缴、多退少补的征收办法。具体计算缴纳企业所得税时，又分为核算征收和核定征收两种方法。

1. 核算征收企业所得税

应纳税额的计算公式如下：

应纳税额 = 应纳税所得额 × 税率

应纳税所得额 = 收入总额 − 免税收入 − 准予扣除项目金额 − 税前弥补以前年度亏损额

（1）按月（季）预缴所得税的计算方法。纳税人预缴所得税时，应当按纳税期限内应纳税所得额的实际预缴；按实际数预缴有困难的，可按上一年度应纳税所得额的 1/12 或 1/4 预缴，或者按当地税务机关认可的其他方法分期预缴所得税。预缴方法一经确定，不得随意变更。计算公式如下：

应纳税额 = 月（季）应纳税所得额 × 税率

或：

应纳税额 = 上年全年应纳税所得额 × 1/12（或 1/4）× 税率

（2）年终汇算清缴所得税的计算方法。

应纳税额 = 全年应纳税所得额 × 税率

应补（退）所得税额 = 全年应纳税额 − 月（季）已预缴所得税税额

2. 核定征收企业所得税

（1）核定征收的范围。为了加强企业所得税的征收管理，纳税人具有下列情形之一的，应采取核定征收方式征收企业所得税：

1）依照税收法律法规规定，可以不设账簿的或应设账簿但未设账簿的。

2）只能准确核算收入总额，或收入总额能够查实，但其成本费用支出不能准确核算的。

3）只能准确核算成本费用支出，或成本费用支出能够查实，但其收入总额不能准确核算的。

4）收入总额及成本费用支出均不能正确核算，不能向主管税务机关提供真实、准确、完整纳税资料，难以查实的。

5）账目设置和核算虽然符合规定，但并未按规定保存有关账簿、凭证及有关纳税资料的。

6）发生纳税义务，未按照税收法律法规规定的期限办理纳税申报，经税务机关责令限期申报，逾期仍不申报的。

（2）核定征收的方式。核定征收的方式主要包括定额征收和核定应税所得率征收两种办法。

1）定额征收。是指税务机关按照一定的标准、程序和方法，直接核定纳税人年度应纳企业所得税额，由纳税人按规定进行申报缴纳的一种办法。

2）核定应税所得率征收。是指税务机关按照一定的标准、程序和方法，预先核定纳税人的应税所得率，由纳税人根据纳税年度内的收入总额或成本费用等项目的实际发生额，按预先核定的应税所得率计算缴纳企业所得税额的办法。

实行核定应税所得率征收办法的，应纳所得税额的计算公式如下：

应纳所得税额＝应纳税所得额×适用税率

应纳税所得额＝收入总额×应税所得率

或：

应纳税所得额＝成本费用支出额÷（1－应税所得率）×应税所得率

五、纳税地点

企业所得税由纳税人向其所在地主管税务机关缴纳。其所在地是指纳税人实际经营管理地。企业登记注册地与实际经营管理地不一致的，以实际经营管理地为申报纳税地。但是，一些特殊的行业和企业的所得税，应按以下办法处理：

（1）铁路总公司直属运输企业（含所属工业企业），由铁路总公司集中缴税；民航总局直属企业（除中国国际、中国东方、中国南方航空集团公司独立缴税外），由民航总局集中缴税；邮电部直属邮电通信企业（含所属工业、供销等其他企业），由邮电部集中缴税。

（2）大型企业集团分别以核心企业、独立经济核算的其他成员企业为纳税人；纳税人一律于所在地就地缴纳所得税。

（3）国家政策性银行和商业银行系统，分别以独立核算的总行、分行为纳税人；中国人民保险公司系统的所得税，分别以独立核算的总公司、分公司为纳税人；地方银行和保险公司、信托投资公司、证券公司及城市信用社等非银行金融企业，均以独立核算的企业为纳税人。

（4）联营企业的生产、经营所得，一律先就地缴纳所得税，然后再进行分配。

六、征收缴纳方法

企业所得税是按照纳税人每一纳税年度的应纳税所得额和适用税率计算征收的。纳税年度自公历 1 月 1 日起至 12 月 31 日止。企业在一个纳税年度中间开业，或者终止经营活动，使该纳税年度的实际经营期不足十二个月的，应当以其实际经营期为一个纳税年度。

在实际工作中，世界各国对企业所得税都采取了预缴和汇算清缴办法。

企业所得税法规定，缴纳企业所得税，按年计算，分月或者分季预缴。月份或者季度终了后 15 日内预缴，年度终了 5 个月内汇算清缴，多退少补。

纳税人预缴所得税时，应当按纳税期限的实际数预缴。按实际数预缴有困难的，可按上一年度应纳税所得额的 1/12 或 1/4，或者经当地税务机关认可的其他方法分期预缴所得税。预缴方法一经确定，不得随意改变。

纳税人在年终汇算清缴时，少缴的所得税额，应在下一年度内缴纳；多缴纳的所得税额，在下一年度内抵缴；抵缴后仍有结余的，或者下一年度发生亏损的，应及时办理退库。

纳税人应当在月份或者季度终了后 15 日内，向其所在地主管税务机关报送会计报表和预缴所得税申报表；年度终了后，汇总纳税的成员企业应在 45 日内进行纳税申报（即向其所在地主管税务机关报送会计决算报表和所得税申报表）；就地纳税企业和汇总纳税的总机构应在次年 5 月底前进行纳税申报。

纳税人在纳税年度无论盈利或亏损，都应当按照规定的期限，向当地主管税务机关报送所得税申报表和年度会计报表。

纳税人进行清算时，应当在办理工商注销登记前，向当地主管税务机关办理所得税申报，并应就清算终了后的清算所得，缴纳企业所得税。

七、纳税申报

纳税人办理企业所得税纳税申报时，应当如实填写纳税申报表，并根据不同情况相应报送下列有关证件、资料：财务、会计报表及其说明材料；与纳税有关的合同、协议书；税控装置的电子报税资料和异地完税凭证；外出经营活动税收管理证明；境内或者境外公证机构出具的有关证明文件；税务机关规定应当报送的其他有关证件、资料。

任务一　查账征收下企业所得税季度预缴

大连华丰商贸有限公司于 2011 年 10 月注册成立，系增值税一般纳税人，纳税人识别号为 210211777700111，法人代表为华峰。公司主要从事副食品、日用百货的批发零售。

2015 年 1~3 月，该企业取得国内销售收入 1390000 元、国外销售收入 480000 元、安装收入 30000 元、财政拨款收入 50000 元，第一季度预缴所得税 264.30 元。

国内销售成本 1181500 元、国外销售成本 474300 元、管理费用 21558.08 元、营业费用 45097.72 元、财务费用 1235.20 元、营业外支出 2000 元。

【学习任务】填写企业所得税月（季）度预缴申报表（A 类表），详见表 6-1。

表6-1　中华人民共和国企业所得税月（季）度预缴纳税申报表（A 类）

税款所属期间：　年　月　日至　年　月　日

纳税人识别号：□□□□□□□□□□□□□□□□□

纳税人名称：　　　　　　　　　　　　　　金额单位：元（列至角分）

行次	项目	本期金额	累计金额
1	一、按照实际利润额预缴		
2	营业收入		
3	营业成本		
4	利润总额		
5	加：特定业务计算的应纳税所得额		
6	减：不征税收入和税基减免应纳税所得额		
7	固定资产加速折旧（扣除）调减额		
8	弥补以前年度亏损		
9	实际利润额（4＋5－6－7－8）		

行次	项目	本期金额	累计金额
10	税率（25%）		
11	应纳所得税额（9×10）		
12	减：减免所得税额		
13	实际已预缴所得税额	—	
14	特定业务预缴（征）所得税额		
15	应补（退）所得税额（11－12－13－14）	—	
16	减：以前年度多缴在本期抵缴所得税额		
17	本月（季）实际应补（退）所得税额	—	
18	二、按照上一纳税年度应纳所得税额平均额预缴		
19	上一纳税年度应纳税所得额	—	
20	本月（季）应纳税所得额（19×1/4 或 1/12）		
21	税率（25%）		
22	本月（季）应纳所得税额（20×21）		
23	减：减免所得税额		
24	本月（季）实际应纳所得税额（22－23）		
25	三、按照税务机关确定的其他方法预缴		
26	本月（季）税务机关确定的预缴所得税额		
27	总分机构纳税人		
28	总机构 总机构分摊所得税额（15 或 24 或 26×总机构分摊预缴比例）		
29	财政集中分配所得税额		
30	分支机构分摊所得税额（15 或 24 或 26×分支机构分摊比例）		
31	其中：总机构独立生产经营部门应分摊所得税额		
32	分支机构 分配比例		
33	分配所得税额		

是否属于小型微利企业： 是□ 否□

谨声明：此纳税申报表是根据《中华人民共和国企业所得税法》、《中华人民共和国企业所得税法实施条例》和国家有关税收规定填报的，是真实的、可靠的、完整的。

法定代表人（签字）： 年 月 日

纳税人公章： 会计主管： 填表日期： 年 月 日	代理申报中介机构公章： 经办人： 经办人执业证件号码： 代理申报日期： 年 月 日	主管税务机关受理专用章： 受理人： 受理日期： 年 月 日

【学习指导】

（1）根据相关税收规定，该企业是实行查账征收企业所得税的纳税人。

148

（2）该企业所得税按季度预缴年终汇算清缴。

（3）该企业应纳税所得额按下式计算。

（1390000＋480000＋30000）－（1181500＋474300＋21558.08＋45097.72＋1235.20＋2000）＝174309（元）

该企业第一季度企业所得税＝174309×25%－264.30＝43577.25－264.30＝43312.95（元）

预缴企业所得税应做如下会计处理：

借：所得税费用　　　　　　　　　　　43312.95

　　贷：应交税费——企业所得税　　　　　　　　43312.95

企业所得税按年计征，分月（季）预缴，年终汇算清缴。每个季度末要进行所得税的计算和预缴，并进行相应的账务处理。年底汇算清缴时进行全年所得税的计算和缴纳，多退少补。

任务二　查账征收下企业所得税年度汇缴

好帮手家政服务公司系一家从事家政服务的有限责任公司，注册资本 60 万元，其中张好（身份证号码 21021119721212×××）出资 30 万元，陈帮（身份证号码 21021419760112××××）出资 10 万元，丁冬（身份证号码 21021219680202×××）出资 8 万元，王尧（身份证号码 21020119800405××××）出资 8 万元，乌洁（身份证号码 21020219730707×××）出资 4 万元。法人代表为张好，会计主管为刘畅，企业纳税人识别码为 210211304155555，所属行业为"居民服务业"，代码 79。

该企业 2014 年从业人数 20 人，资产总额 100 万元。

该企业适用一般企业会计准则。固定资产采取使用年限法计提折旧，发出存货按月末一次加权平均法计价，按备抵法核算坏账损失，按资产负债表债务法核算所得税。

2014 年度企业相关会计信息如表 6-2 所示。

表 6-2　所得税相关账户发生额表

账户	借方发生额	贷方发生额
主营业务收入		1980000
主营业务成本	920000	
其他业务收入		60000
其他业务成本	20000	
营业税金及附加	2800	
销售费用	940000	
管理费用	510000	
财务费用	237200	
营业外收入		300000
营业外支出	100000	
投资收益		580000
合计	2730000	2920000

其中：

"其他业务收入"和"其他业务支出"账户发生额均系出租固定资产所致。

"营业外收入"和"营业外支出"账户发生额均系非流动资产处置所致。

"销售费用"账户发生额中，包含职工薪酬 680000 元；临时工劳务费 60000 元；广告费 32000 元；折旧费 82000；保险费 26000 元。

"管理费用"账户发生额中，包含职工薪酬 226000 元；咨询费 5000 元；管理部门固定资产折旧费 18000 元；办公费 60000 元；财产损耗费 48000 元。

"财务费用"账户发生额中，包含利息支出 230000 元，佣金和手续费 7200 元。

2014 年度有如下所得税调整事项（除所列示调整事项外，该企业再无其他需调整内容，也没有递延所得税资产和递延所得税负债期初余额）：①当年取得的投资收益中，包含 200000 元的国债利息收入。②财务费用中，包含 100000 元的超标准利息支出。③另有 2013 年 12 月购入的生产经营用设备，账面原值 240000 元，假设无残值。会计按使用年限法计提折旧，使用期限 5 年。税法按加速法计提折旧，使用年限 5 年。

【学习任务】计提本年度所得税费用和应交所得税（见表 6-3），编制会计分录（见表 6-4），并填写《企业所得税年度纳税申报表》（见表 6-5）及其附表（见表 6-6 至表 6-11）。

表6-3 应交所得税计算表

编制单位： 　　　　　　　　　　2014 年度 　　　　　　　　　金额单位：元

项目	账面价值	计税基础	可抵扣暂时性差异		应纳税暂时性差异		纳税调整增加额
			期初余额	期末余额	期初余额	期末余额	
投资收益							
财务费用							
固定资产							

年度利润总额	应纳税所得额	应交所得税		递延所得税资产			递延所得税负债		
				期初数	期末数	本期数	期初数	期末数	本期数
所得税费用				其他综合收益		
				期初数	期末数	本期数

审核： 　　　　　　　　制单：

表6-4 计提企业所得税

摘要	总账科目	明细科目	借方金额	贷方金额
计提本年度所得税费用				

表6-5 中华人民共和国企业所得税年度纳税申报表（A 类）

行次	类别	项目	金额
1	利润总额计算	一、营业收入	
2		减：营业成本	
3		营业税金及附加	
4		销售费用	
5		管理费用	
6		财务费用	
7		资产减值损失	
8		加：公允价值变动收益	
9		投资收益	
10		二、营业利润（1-2-3-4-5-6-7+8+9）	
11		加：营业外收入	
12		减：营业外支出	
13		三、利润总额（10+11-12）	

行次	类别	项目	金额
14	应纳税所得额计算	减：境外所得	
15		加：纳税调整增加额	
16		减：纳税调整减少额	
17		减：免税、减计收入及加计扣除	
18		加：境外应税所得抵减境内亏损	
19		四、纳税调整后所得（13－14＋15－16－17＋18）	
20		减：所得减免	
21		减：抵扣应纳税所得额	
22		减：弥补以前年度亏损	
23		五、应纳税所得额（19－20－21－22）	
24	应纳税额计算	税率（25%）	
25		六、应纳所得税额（23×24）	
26		减：减免所得税额	
27		减：抵免所得税额	
28		七、应纳税额（25－26－27）	
29		加：境外所得应纳所得税额	
30		减：境外所得抵免所得税额	
31		八、实际应纳所得税额（28＋29－30）	
32		减：本年累计实际已预缴的所得税额	
33		九、本年应补（退）所得税额（31－32）	
34		其中：总机构分摊本年应补（退）所得税额	
35		财政集中分配本年应补（退）所得税额	
36		总机构主体生产经营部门分摊本年应补（退）所得税额	
37	附列资料	以前年度多缴的所得税额在本年抵减额	
38		以前年度应缴未缴在本年入库所得税额	

表6-6　一般企业收入明细表

行次	项目	金额
1	一、营业收入（2＋9）	
2	（一）主营业务收入（3＋5＋6＋7＋8）	
3	（1）销售商品收入	
4	其中：非货币性资产交换收入	
5	（2）提供劳务收入	
6	（3）建造合同收入	
7	（4）让渡资产使用权收入	
8	（5）其他	
9	（二）其他业务收入（10＋12＋13＋14＋15）	

续表

行次	项目	金额
10	（1）销售材料收入	
11	其中：非货币性资产交换收入	
12	（2）出租固定资产收入	
13	（3）出租无形资产收入	
14	（4）出租包装物和商品收入	
15	（5）其他	
16	二、营业外收入（17＋18＋19＋20＋21＋22＋23＋24＋25＋26）	
17	（一）非流动资产处置利得	
18	（二）非货币性资产交换利得	
19	（三）债务重组利得	
20	（四）政府补助利得	
21	（五）盘盈利得	
22	（六）捐赠利得	
23	（七）罚没利得	
24	（八）确实无法偿付的应付款项	
25	（九）汇兑收益	
26	（十）其他	

表6-7　一般企业成本支出明细表

行次	项目	金额
1	一、营业成本（2＋9）	
2	（一）主营业务成本（3＋5＋6＋7＋8）	
3	（1）销售商品成本	
4	其中：非货币性资产交换成本	
5	（2）提供劳务成本	
6	（3）建造合同成本	
7	（4）让渡资产使用权成本	
8	（5）其他	
9	（二）其他业务成本（10＋12＋13＋14＋15）	
10	（1）材料销售成本	
11	其中：非货币性资产交换成本	
12	（2）出租固定资产成本	
13	（3）出租无形资产成本	
14	（4）包装物出租成本	
15	（5）其他	
16	二、营业外支出（17＋18＋19＋20＋21＋22＋23＋24＋25＋26）	
17	（一）非流动资产处置损失	
18	（二）非货币性资产交换损失	

行次	项目	金额
19	（三）债务重组损失	
20	（四）非常损失	
21	（五）捐赠支出	
22	（六）赞助支出	
23	（七）罚没支出	
24	（八）坏账损失	
25	（九）无法收回的债券股权投资损失	
26	（十）其他	

表 6-8　期间费用明细表

行次	项目	销售费用	其中：境外支付	管理费用	其中：境外支付	财务费用	其中：境外支付
		1	2	3	4	5	6
1	一、职工薪酬		*		*	*	*
2	二、劳务费					*	*
3	三、咨询顾问费					*	*
4	四、业务招待费		*		*	*	*
5	五、广告费和业务宣传费		*		*	*	*
6	六、佣金和手续费						
7	七、资产折旧摊销费		*		*	*	*
8	八、财产损耗、盘亏及毁损损失		*		*	*	*
9	九、办公费		*		*	*	*
10	十、董事会费		*		*	*	*
11	十一、租赁费					*	*
12	十二、诉讼费		*		*	*	*
13	十三、差旅费		*		*	*	*
14	十四、保险费		*		*	*	*
15	十五、运输、仓储费					*	*
16	十六、修理费					*	*
17	十七、包装费		*		*	*	*
18	十八、技术转让费					*	*
19	十九、研究费用					*	*
20	二十、各项税费		*		*	*	*
21	二十一、利息收支	*	*	*	*		
22	二十二、汇兑差额	*	*	*	*		
23	二十三、现金折扣	*	*	*	*		*
24	二十四、其他						
25	合计（1+2+3+…+24）						

表 6-9 纳税调整项目明细表

行次	项目	账载金额	税收金额	调增金额	调减金额
		1	2	3	4
1	一、收入类调整项目（2+3+4+5+6+7+8+10+11）	*	*		
2	（一）视同销售收入	*			*
3	（二）未按权责发生制原则确认的收入				
4	（三）投资收益				
5	（四）按权益法核算长期股权投资对初始投资成本调整确认收益	*	*	*	
6	（五）交易性金融资产初始投资调整	*	*		*
7	（六）公允价值变动净损益		*		
8	（七）不征税收入	*	*		
9	其中：专项用途财政性资金	*	*		
10	（八）销售折扣、折让和退回				
11	（九）其他				
12	二、扣除类调整项目（13+14+15+16+17+18+19+20+21+22+23+24+26+27+28+29）	*	*		
13	（一）视同销售成本	*		*	
14	（二）职工薪酬				
15	（三）业务招待费支出				*
16	（四）广告费和业务宣传费支出	*	*		
17	（五）捐赠支出				*
18	（六）利息支出				
19	（七）罚金、罚款和被没收财物的损失		*		*
20	（八）税收滞纳金、加收利息		*		*
21	（九）赞助支出		*		*
22	（十）与未实现融资收益相关在当期确认的财务费用				
23	（十一）佣金和手续费支出				*
24	（十二）不征税收入用于支出所形成的费用	*	*		*
25	其中：专项用途财政性资金用于支出所形成的费用	*	*		*
26	（十三）跨期扣除项目				
27	（十四）与取得收入无关的支出		*		*
28	（十五）境外所得分摊的共同支出	*	*		*
29	（十六）其他				
30	三、资产类调整项目（31+32+33+34）	*	*		
31	（一）资产折旧、摊销				
32	（二）资产减值准备金		*		
33	（三）资产损失				
34	（四）其他				

行次	项目	账载金额	税收金额	调增金额	调减金额
		1	2	3	4
35	四、特殊事项调整项目（36＋37＋38＋39＋40）	*	*		
36	（一）企业重组				
37	（二）政策性搬迁	*	*		
38	（三）特殊行业准备金				
39	（四）房地产开发企业特定业务计算的纳税调整额	*			
40	（五）其他	*	*		
41	五、特别纳税调整应税所得	*	*		
42	六、其他	*	*		
43	合计（1＋12＋30＋35＋41＋42）	*	*		

表6-10　资产折旧、摊销情况及纳税调整明细表

行次	项目	账载金额			税收金额					纳税调整	
		资产账载金额1	本年折旧、摊销额2	累计折旧、摊销额3	资产计税基础4	按税收一般规定计算的本年折旧、摊销额5	本年加速折旧额6	其中:2014年及以后年度新增固定资产加速折旧额7	累计折旧、摊销额8	金额9(2-5-6)	调整原因10
1	一、固定资产(2+3+4+5+6+7)										
2	(一)房屋、建筑物										
3	(二)飞机、火车、轮船、机器、机械和其他生产设备										
4	(三)与生产经营活动有关的器具、工具、家具等										
5	(四)飞机、火车、轮船以外的运输工具										
6	(五)电子设备										
7	(六)其他										
8	二、生产性生物资产(9+10)						*	*			
9	(一)林木类						*	*			
10	(二)畜类						*	*			
11	三、无形资产(12+13+14+15+16+17+18)						*	*			
12	(一)专利权						*	*			
13	(二)商标权						*	*			
14	(三)著作权						*	*			
15	(四)土地使用权						*	*			
16	(五)非专利技术						*	*			
17	(六)特许权使用费						*	*			
18	(七)其他						*	*			
19	四、长期待摊费用(20+21+22+23+24)						*	*			
20	(一)已足额提取折旧的固定资产的改建支出						*	*			

续表

项目		账载金额			税收金额					纳税调整	
		资产账载金额 1	本年折旧、摊销额 2	累计折旧、摊销额 3	资产计税基础 4	按税收一般规定计算的本年折旧、摊销额 5	本年加速折旧额 6	其中：2014年及以后年度新增固定资产加速折旧额 7	累计折旧、摊销额 8	金额 9（2-5-6）	调整原因 10
21	（二）租入固定资产的改建支出							*			
22	（三）固定资产的大修理支出						*	*			
23	（四）开办费						*	*			
24	（五）其他						*	*			
25	五、油气勘探投资						*	*			
26	六、油气开发投资						*	*			
27	合计（1+8+11+19+25+26）										*

表6-11　减免所得税优惠明细表

行次	项目	金额
1	一、符合条件的小型微利企业	
2	二、国家需要重点扶持的高新技术企业	
3	三、减免地方分享所得税的民族自治地方企业	
4	四、其他专项优惠（5+6+7+8+9+10+11+12+13+14+15+16+17+18+19+20+21+22+23+24+25+26+27）	
5	（一）经济特区和上海浦东新区新设立的高新技术企业	
6	（二）经营性文化事业单位转制企业	
7	（三）动漫企业	
8	（四）受灾地区损失严重的企业	
9	（五）受灾地区农村信用社	
10	（六）受灾地区的促进就业企业	
11	（七）技术先进型服务企业	
12	（八）新疆困难地区新办企业	
13	（九）新疆喀什、霍尔果斯特殊经济开发区新办企业	
14	（十）支持和促进重点群体创业就业企业	
15	（十一）集成电路线宽小于0.8微米（含）的集成电路生产企业	
16	（十二）集成电路线宽小于0.25微米的集成电路生产企业	
17	（十三）投资额超过80亿元人民币的集成电路生产企业	
18	（十四）新办集成电路设计企业	
19	（十五）国家规划布局内重点集成电路设计企业	
20	（十六）符合条件的软件企业	
21	（十七）国家规划布局内重点软件企业	
22	（十八）设在西部地区的鼓励类产业企业	
23	（十九）符合条件的生产和装配伤残人员专门用品企业	
24	（二十）中关村国家自主创新示范区从事文化产业支撑技术等领域的高新技术企业	
25	（二十一）享受过渡期税收优惠企业	
26	（二十二）横琴新区、平潭综合实验区和前海深港现代化服务业合作区企业	
27	（二十三）其他	
28	五、减：项目所得额按法定税率减半征收企业所得税叠加享受减免税优惠	
29	合计（1+2+3+4-28）	

【学习指导】

（1）年度会计利润：

$2920000 - 2730000 = 190000$（元）

（2）根据相关资料，应做如下纳税调整：

1）国债利息免交企业所得税，应调减应纳税所得额 200000 元。

2）超标准财务费用不允许企业所得税前抵扣，应调增应纳税所得额 100000 元。

3）2013 年 12 月购入固定资产，应该自 2014 年 1 月开始计提折旧。

按会计标准，当年应计提折旧 $240000 \div 5 = 48000$（元），期末固定资产账面价值为 $240000 - 48000 = 192000$（元）。

按税法标准，当年应计提折旧 $240000 \times 5/15 = 80000$（元），期末固定资产计税基础为 $240000 - 80000 = 160000$（元）。

固定资产账面价值大于计税基础，产生应纳税暂时性差异，其对应纳所得税的影响额计入"递延所得税负债"账户。

（3）应纳税所得额计算：

$190000 - 200000 + 100000 - 32000 = 58000$（元）

（4）应交所得税计算：

该企业年度应纳税所得额 58000（元），应纳企业所得税 $58000 \times 25\% = 14500$（元）。

该企业符合小型微利企业条件，企业所得税享受应纳税所得额 50% 计算、适用 20% 税率的优惠政策。故该企业实际应纳税 $58000 \times 50\% \times 20\% = 5800$（元）。

企业享受所得税减免 $14500 - 5800 = 8700$（元）。

（5）企业所得税年度纳税申报：

2014 版的企业所得税年度纳税申报共包括 41 张表格，企业根据实际情况选择填报。

本任务中，该企业需要填写 A000000 企业基本信息表、A1000000 企业所得税年度纳税申报表、A101010 一般企业收入明细表、A102010 一般企业成本支出明细表、A10400 期间费用明细表、A105000 纳税调整项目明细表、A105080 资产折旧摊销情况及纳税调整明细表，以及 A107040 减免所得税优惠明细表。

课后训练

1. 某企业经税务机关同意，每个季度按实际利润预缴企业所得税。2015 年第一季度实现主营业务收入 300 万元，其他业务收入 30 万元，主营业务成本 180 万元，其他业务支出 20 万元，营业费用 30 万元，财务费用 25 万元，管理费用 18 万元。

请帮助该企业填写企业所得税月（季）度预缴申报表（A 类表），详见表 6-12。

表 6-12 中华人民共和国企业所得税月（季）度预缴纳税申报表（A 类）

税款所属期间：　年　月　日至　年　月　日

纳税人识别号：

纳税人名称：　　　　　　　　　　　　　　　　　　金额单位：元（列至角分）

行次	项目	本期金额	累计金额
1	一、按照实际利润额预缴		
2	营业收入		
3	营业成本		
4	利润总额		
5	加：特定业务计算的应纳税所得额		
6	减：不征税收入和税基减免应纳税所得额		
7	固定资产加速折旧（扣除）调减额		
8	弥补以前年度亏损		
9	实际利润额（4＋5－6－7－8）		
10	税率（25%）		
11	应纳所得税额（9×10）		
12	减：减免所得税额		
13	实际已预缴所得税额	—	
14	特定业务预缴（征）所得税额		
15	应补（退）所得税额（11－12－13－14）	—	
16	减：以前年度多缴在本期抵缴所得税额		
17	本月（季）实际应补（退）所得税额	—	
18	二、按照上一纳税年度应纳税所得额平均额预缴		
19	上一纳税年度应纳税所得额	—	
20	本月（季）应纳税所得额（19×1/4 或 1/12）		

行次	项目		本期金额	累计金额
21	税率（25%）			
22	本月（季）应纳所得税额（20×21）			
23	减：减免所得税额			
24	本月（季）实际应纳所得税额（22－23）			
25	三、按照税务机关确定的其他方法预缴			
26	本月（季）税务机关确定的预缴所得税额			
27	总分机构纳税人			
28	总机构	总机构分摊所得税额（15或24或26×总机构分摊预缴比例）		
29		财政集中分配所得税额		
30		分支机构分摊所得税额（15或24或26×分支机构分摊比例）		
31		其中：总机构独立生产经营部门应分摊所得税额		
32	分支机构	分配比例		
33		分配所得税额		
是否属于小型微利企业：		是□		否□
谨声明：此纳税申报表是根据《中华人民共和国企业所得税法》、《中华人民共和国企业所得税法实施条例》和国家有关税收规定填报的，是真实的、可靠的、完整的。 法定代表人（签字）：　　年　月　日				
纳税人公章： 会计主管： 填表日期：　　年　月　日		代理申报中介机构公章： 经办人： 经办人执业证件号码： 代理申报日期：　　年　月　日		主管税务机关受理专用章： 受理人： 受理日期：　　年　月　日

2. 捷安科技股份有限公司主要从事技术开发与服务，经营办公设备、办公耗材销售与维修服务。公司注册资本 60 万元，是达安科技股份有限公司（税务登记证号 210211345622233，组织机构代码证号 5622233）的全资子公司。

该公司法人代表为王玥，会计主管为王鼎，企业纳税人识别码为210211304156789，所属行业为"科技交流和推广服务业"，代码77。该公司2014 年从业人数 20 人，资产总额 100 万元。该公司适用一般企业会计准则。固定资产采取使用年限法计提折旧，发出存货按月末一次加权平均法计价，按备抵法核算坏账损失，按资产负债表债务法核算所得税。2014 年度企业相关会计信息如表6-13 所示。

表 6-13　企业相关会计信息表

账户	借方发生额	贷方发生额
主营业务收入		7980000
主营业务成本	2920000	
其他业务收入		360000
其他业务成本	290000	
营业税金及附加	56000	
销售费用	1940000	
管理费用	810000	
财务费用	230000	
营业外收入		300000
营业外支出	100000	
投资收益		580000
合计	6346000	9220000

其中：

"主营业务收入"账户发生额中有 7900000 元系技术服务收入，80000 元系销售办公设备收入。

"主营业务成本"账户发生额中有 2868000 元系技术服务成本，52000 元系销售成本。

"其他业务收入"和"其他业务支出"账户发生额均系销售材料形成的。

"营业外收入"账户发生额系非货币性资产交换利得。

"营业外支出"账户发生额系赞助支出。

"销售费用"账户发生额中，包含：职工薪酬 1280000 元；临时工劳务费 52000 元；广告费 90000 元；业务人员差旅费 62000 元；固定资产折旧费 82000；租赁费 200000 元；保险费 26000 元。

"管理费用"账户发生额中，包含：职工薪酬 600000 元；咨询费 36000 元；管理部门固定资产折旧费 18000 元；业务招待费 90000 元；办公费 30000 元；管理部门租赁费 9000 元。

"财务费用"账户发生额中，包含：利息支出 229000 元；佣金和手续费 1000 元。

另外，该企业 2014 年度有如下所得税调整事项（企业无递延所得税资产和递延所得税负债期初余额）：①2013 年度亏损 250000 元尚未弥补；②当年取得的投资收益中，包含200000元的国债利息收入。

要求：计算本年度所得税费用和应交所得税，编制会计分录，并填写《企业所得税年度纳税申报表》，并将上述结果填写至表6-14、表6-15、表6-16、表6-17和表6-18。

表6-14 应交所得税计算表

编制单位： 　　　　　　　　　　年度 　　　　　　　　　　金额单位：元

项目	账面价值	计税基础	可抵扣暂时性差异		应纳税暂时性差异		纳税调整增加额
			期初余额	期末余额	期初余额	期末余额	
赞助支出							
业务招待费							
国债利息							
税前弥补亏损							

年度利润总额	应纳税所得额	应交所得税		递延所得税资产			递延所得税负债		
				期初数	期末数	本期数	期初数	期末数	本期数

所得税费用			其他综合收益		
			期初数	期末数	本期数

审核： 　　　　　　　　　　制单：

表6-15 计提企业所得税

摘要	总账科目	明细科目	借方金额	贷方金额
计提本年度所得税费用				

表 6-16 中华人民共和国企业所得税年度纳税申报表（A 类）

行次	类别	项目	金额
1	利润总额计算	一、营业收入	
2		减：营业成本	
3		营业税金及附加	
4		销售费用	
5		管理费用	
6		财务费用	
7		资产减值损失	
8		加：公允价值变动收益	
9		投资收益	
10		二、营业利润（1－2－3－4－5－6－7＋8＋9）	
11		加：营业外收入	
12		减：营业外支出	
13		三、利润总额（10＋11－12）	
14	应纳税所得额计算	减：境外所得	
15		加：纳税调整增加额	
16		减：纳税调整减少额	
17		减：免税、减计收入及加计扣除	
18		加：境外应税所得抵减境内亏损	
19		四、纳税调整后所得（13－14＋15－16－17＋18）	
20		减：所得减免	
21		减：抵扣应纳税所得额	
22		减：弥补以前年度亏损	
23		五、应纳税所得额（19－20－21－22）	
24	应纳税额计算	税率（25%）	
25		六、应纳所得税额（23×24）	
26		减：减免所得税额	
27		减：抵免所得税额	
28		七、应纳税额（25－26－27）	
29		加：境外所得应纳所得税额	
30		减：境外所得抵免所得税额	
31		八、实际应纳所得税额（28＋29－30）	
32		减：本年累计实际已预缴的所得税额	
33		九、本年应补（退）所得税额（31－32）	
34		其中：总机构分摊本年应补（退）所得税额	
35		财政集中分配本年应补（退）所得税额	
36		总机构主体生产经营部门分摊本年应补（退）所得税额	
37	附列资料	以前年度多缴的所得税额在本年抵减额	
38		以前年度应缴未缴在本年入库所得税额	

表 6-17　一般企业收入明细表

行次	项目	金额
1	一、营业收入（2+9）	
2	（一）主营业务收入（3+5+6+7+8）	
3	（1）销售商品收入	
4	其中：非货币性资产交换收入	
5	（2）提供劳务收入	
6	（3）建造合同收入	
7	（4）让渡资产使用权收入	
8	（5）其他	
9	（二）其他业务收入（10+12+13+14+15）	
10	（1）销售材料收入	
11	其中：非货币性资产交换收入	
12	（2）出租固定资产收入	
13	（3）出租无形资产收入	
14	（4）出租包装物和商品收入	
15	（5）其他	
16	二、营业外收入（17+18+19+20+21+22+23+24+25+26）	
17	（一）非流动资产处置利得	
18	（二）非货币性资产交换利得	
19	（三）债务重组利得	
20	（四）政府补助利得	
21	（五）盘盈利得	
22	（六）捐赠利得	
23	（七）罚没利得	
24	（八）确实无法偿付的应付款项	
25	（九）汇兑收益	
26	（十）其他	

表 6-18　一般企业成本支出明细表

行次	项目	金额
1	一、营业成本（2+9）	
2	（一）主营业务成本（3+5+6+7+8）	
3	（1）销售商品成本	
4	其中：非货币性资产交换成本	
5	（2）提供劳务成本	
6	（3）建造合同成本	
7	（4）让渡资产使用权成本	
8	（5）其他	

续表

行次	项目	金额
9	（二）其他业务成本（10+12+13+14+15）	
10	（1）材料销售成本	
11	其中：非货币性资产交换成本	
12	（2）出租固定资产成本	
13	（3）出租无形资产成本	
14	（4）包装物出租成本	
15	（5）其他	
16	二、营业外支出（17+18+19+20+21+22+23+24+25+26）	
17	（一）非流动资产处置损失	
18	（二）非货币性资产交换损失	
19	（三）债务重组损失	
20	（四）非常损失	
21	（五）捐赠支出	
22	（六）赞助支出	
23	（七）罚没支出	
24	（八）坏账损失	
25	（九）无法收回的债券股权投资损失	
26	（十）其他	

表 6-19 期间费用明细表

行次	项目	销售费用	其中：境外支付	管理费用	其中：境外支付	财务费用	其中：境外支付
		1	2	3	4	5	6
1	一、职工薪酬		*		*	*	*
2	二、劳务费					*	*
3	三、咨询顾问费					*	*
4	四、业务招待费		*		*	*	*
5	五、广告费和业务宣传费		*		*	*	*
6	六、佣金和手续费						
7	七、资产折旧摊销费		*		*	*	*
8	八、财产损耗、盘亏及毁损损失		*		*	*	*
9	九、办公费		*		*	*	*
10	十、董事会费		*		*	*	*
11	十一、租赁费					*	*
12	十二、诉讼费		*		*	*	*
13	十三、差旅费		*		*	*	*

续表

行次	项目	销售费用	其中:境外支付	管理费用	其中:境外支付	财务费用	其中:境外支付
		1	2	3	4	5	6
14	十四、保险费		*		*	*	*
15	十五、运输、仓储费					*	*
16	十六、修理费					*	*
17	十七、包装费		*		*	*	**
18	十八、技术转让费					*	*
19	十九、研究费用					*	*
20	二十、各项税费		*		*	*	*
21	二十一、利息收支	*	*	*	*		
22	二十二、汇兑差额	*	*	*	*		
23	二十三、现金折扣	*	*	*	*		*
24	二十四、其他						
25	合计（1+2+3+…+24）						

表6-20　纳税调整项目明细表

行次	项目	账载金额	税收金额	调增金额	调减金额
		1	2	3	4
1	一、收入类调整项目（2+3+4+5+6+7+8+10+11）	*	*		
2	（一）视同销售收入	*			*
3	（二）未按权责发生制原则确认的收入				
4	（三）投资收益				
5	（四）按权益法核算长期股权投资对初始投资成本调整确认收益	*	*	*	
6	（五）交易性金融资产初始投资调整	*	*		*
7	（六）公允价值变动净损益		*		
8	（七）不征税收入	*	*		
9	其中：专项用途财政性资金	*	*		
10	（八）销售折扣、折让和退回				
11	（九）其他				
12	二、扣除类调整项目（13+14+15+16+17+18+19+20+21+22+23+24+26+27+28+29）	*	*		
13	（一）视同销售成本	*		*	
14	（二）职工薪酬				
15	（三）业务招待费支出				*
16	（四）广告费和业务宣传费支出	*	*		

续表

行次	项目	账载金额	税收金额	调增金额	调减金额
		1	2	3	4
17	（五）捐赠支出				*
18	（六）利息支出				
19	（七）罚金、罚款和被没收财物的损失		*		*
20	（八）税收滞纳金、加收利息		*		*
21	（九）赞助支出		*		*
22	（十）与未实现融资收益相关在当期确认的财务费用				
23	（十一）佣金和手续费支出				*
24	（十二）不征税收入用于支出所形成的费用	*	*		*
25	其中：专项用途财政性资金用于支出所形成的费用	*	*		*
26	（十三）跨期扣除项目				
27	（十四）与取得收入无关的支出		*		*
28	（十五）境外所得分摊的共同支出	*	*		*
29	（十六）其他				
30	三、资产类调整项目　（31+32+33+34）	*	*		
31	（一）资产折旧、摊销				
32	（二）资产减值准备金		*		
33	（三）资产损失				
34	（四）其他				
35	四、特殊事项调整项目　（36+37+38+39+40）	*	*		
36	（一）企业重组				
37	（二）政策性搬迁	*	*		
38	（三）特殊行业准备金				
39	（四）房地产开发企业特定业务计算的纳税调整额	*			
40	（五）其他	*	*		
41	五、特别纳税调整应税所得	*	*		
42	六、其他	*	*		
43	合计　（1+12+30+35+41+42）	*	*		

项目七　企业纳税申报综合模拟案例

一、企业概况

单位名称：大连白云实业有限公司

单位性质：工业企业

单位规模：一般纳税人

纳税登记号码：21021160606666（国税），2010909（地税）

开户银行：中国银行星海支行

银行账号：210211000303123133

单位注册地址：大连市中山区星海路 111 号

单位电话：28282222

所得税税率：25%

二、涉税资料

1. 基本资料

该企业总资本 1000 万元，主要生产甲产品和乙产品，企业在职员工 60 人。其他有关纳税资料如下：

（1）增值税一般纳税人，适用 17% 税率，按月缴纳增值税。

（2）城建税、教育费附加和地方教育费分别按应纳流转税额的 7%、3% 和 2% 计算缴纳。

（3）企业所得税按月计提，按月预交，年度汇算清缴，适用 25% 的所得税税率。

（4）个人所得税按七级超额累进税率代扣代缴。

（5）房产税和土地使用税年终计提，次年1月一次性缴纳；车船税由保险公司代收。有关会计资料如下：

1）企业会计账面记载：生产经营用房的账面原值是9000万元；管理部门用房的账面价值200万元；坐落于市郊的一个仓库，房产原值300万元。当地规定房产税计算允许减除房产原值的30%。

2）企业土地使用证书记载：该企业占用一类地段土地1000平方米，适用24元/平方米的税率；占用二类地段土地500平方米，适用18元/平方米的税率；占用三类地段土地200平方米，适用12元/平方米的税率；郊区占地100平方米，适用6元/平方米的七类地段税率。

3）企业拥有车辆情况：轿车两辆；核定载客12人的中型客车1辆；核定载客30人的大型客车4辆；载货汽车3辆，自重均为10吨。大连市规定小型轿车每辆每年应纳税额480元，中型客车每辆每年应纳税额540元，大型客车每辆每年应纳税额600元，载货汽车按自重税额为96元/吨。

（6）2014年12月1日有关账户余额如下：

应交税费——应交增值税（借）	80000
——应交营业税	20000
——应交城建税	7000
——教育费附加	3000
——地方教育费	1000
——应交个人所得税	2801
——应交企业所得税	92000

（7）水电费用70%属于生产耗费，在甲产品和乙产品之间按1∶1比例进行分配；其余30%属于管理部门耗费。

（8）生产工人人工费在甲产品和乙产品之间按2∶1比例分配。

（9）制造费用按1∶1比例在甲产品和乙产品之间分配。

（10）固定资产一律按照直线法计提折旧，残值率5%。

2. 发生业务

2014年12月，白云实业有限公司发生部分经济业务如下：

（1）1日，收到开罗公司投资600000元，款项收存银行，回账单如图7-1

所示。

2014 年 12 月 1 日

付款人	全称	开罗公司	收款人	全称	白云实业有限公司
	账号	955000121222111010		账号	210211000303123133
	开户银行	汇丰银行		开户银行	中国银行星海支行

人民币（大写）	⊗陆拾万元整	千	百	十	万	千	百	十	元	角	分
			￥	6	0	0	0	0	0	0	0

票据种类	转账
票据张数	1 张

单位
主管　　会计　　复核　　记账

中国银行星海支行
转账
讫
收款人开户银行盖章

此联是收款人开户银行通知收款人的回单或收账通知交给收款人的

图 7-1　中国银行进账单

（2）2 日，厂部购买办公用品，出纳以现金 240 元付讫，发票如图 7-2 所示。

大连市国家税务局通用机打发票

发 票 联 发票代码 1210211375511
发票号码 00445531

开票日期：2014 年 12 月 2 日　　　　行业：商业

购货单位名称：白云实业有限公司	税务登记代码：
购货单位地址：	开户银行名称：
购货单位电话：	开户银行账号：

品名	规格型号	计量单位	数量	单价	金额
打印纸		包	10	22.00	220.00
签字笔		支	10	2.00	20.00

销售单位名称：大连市青山办公用品商行　　税务登记代码：883312345678988
销售单位地址：
销售单位电话：　　　　开户银行名称：883312345678988
开票人：　　　　　开户银行账号：

大连市青山办公用品商行
发票专用章

第一联 发票联

图 7-2　大连市国家税务局通用机打发票

（3）3 日，向大连黄海物资供应公司开出转账支票一张，购买 A 材料 100 千克，B 材料 200 千克，对方垫付运费 4200 元。材料已验收入库。支票存根、增值税发票、货物运输单据和入库单如图 7-3、图 7-4、图 7-5、图 7-6 和图 7-7 所示。

173

建设银行转账支票存根
支票号码 No00000001

科目：	
对方科目：	
签发日期：2014 年 12 月 3 日	
收款人：大连黄海物资供应公司	
金额：¥249900.00	
用途：购买材料	
备注：	

单位主管：　　　　　　会计：

复核：　　　　　　　　记账：

图 7-3　建设银行转账支票存根

210211140

大连增值税专用发票
开票日期：2014 年 12 月 3 日

No00309989

国家税务总局监制

购货单位	名称：白云实业有限公司 纳税人识别号：1020280808080W 地址、电话：中山区海滨路 888 号 28286666 开户银行及账号：中国银行星海支行 210211000303123133		密码区	1**2/767>/9-17/891125 *-3-*6+98+-6*3<1665>8 21956790<4<31+253808- 0/-+9/41*4<*0*866>>2/	加密版本:01 210211140 00309989

货物或应税劳务名称	规格型号	单位	数量	单价	金额	税率	税额
A 材料		千克	100	500	50000.00	17%	8500.00
B 材料		千克	200	800	160000.00	17%	27200.00
合计					210000.00		35700.00
价税合计（大写）	⊗贰拾肆万伍仟柒佰元整 （小写）¥245700.00						

销货单位	名称：大连黄海物资供应公司 纳税人识别号：21020212345678S 地址、电话：甘区山前路 2 号 开户银行及账号：大连银行 210202123456789001	备注	大连黄海物资供应公司 21020212345678S 发票专用章

收款人：　　　　复核：　　　　开票人：　　　　销货单位（章）：

图 7-4　大连增值税专用发展（发票联）

第一联　发票联　购货方记账凭证

大连增值税专用发票

210211140

开票日期：2014 年 12 月 3 日

No00309989

大连市
国家税务总局监制

购货单位	名称：白云实业有限公司 纳税人识别号：1020280808080W 地址、电话：中山区海滨路 888 号 28286666 开户银行及账号：中国银行星海支行 210211000303123133		密码区	1■■2/767>/9-17/891125 ■-3-6+98+-6■3<1665>8 21956790<4<31+253808- 0/-+9/41■4<■0■866>>2/	加密票本:01 210211140 00309989

货物或应税劳务名称	规格型号	单位	数量	单价	金额	税率	税额
A 材料		公斤	100	500	50000.00	17%	8500.00
B 材料		公斤	200	800	160000.00	17%	27200.00
合计					210000.00		35700.00

价税合计（大写）	⊗贰拾肆万伍仟柒佰元整 （小写）¥245700.00

销货单位	名称：大连黄海物资供应公司 纳税人识别号：21020212345678S 地址、电话：甘区山前路 2 号 开户银行及账号：大连银行 210202123456789001	备注 大连黄海物资供应公司 税号 21020212345678S 发票专用章

收款人：　　　复核：　　　开票人：　　　销货单位（章）：

第二联　抵扣联　购货方扣税凭证

图 7-5　大连增值税专用发票（抵扣联）

货物运输业增值税专用发票

221021110401

大连市
国家局单监制

开票日期：2014 年 12 月 3 日

No10000001

承运人及纳税人识别号	大连大鹏货物运输有限公司 95820299887766	密码区		（略）	
实际受票方及纳税人识别号	白云实业有限公司 21021160606666	发货人及纳税人识别号		大连黄海物资供应公司 21020289898892X	
收货人及纳税人识别号	白云实业有限公司 21021160606666	主管税务机关及代码		大连市经济技术开发区地税局 221029600	
起运地、经由、到达地					

费用项目及金额	费用项目 运费	金额 3783.78	运输货物信息	项目　　金额 大连供电公司 税号：210202123888888 发票专用章	备注

合计金额	¥4200.00	税率	11%	税额	¥416.22	机器编号	
合计（大写）	⊗肆仟贰佰元整（小写）¥4200.00						
车种车号		车船吨位			备注		
主管税务机关及代码							

第二联　抵扣联　受票方抵扣凭证（手写无效）

图 7-6　货物运输业增值税专用发票

入库单

供应单位：大连黄海物资供应公司　　　　　　　　　　　　入库单编号
材料类别：主要材料　　　　　2014 年 12 月 3 日　　　　收料仓库：材料库

编号	名称	规格	单位	数量		实际成本			
				应收	实收	买价		运杂费	其他	合计
						单价	金额			
A001	A 材料		千克	100	100	500	50000	1261.26		51261.26
B001	B 材料		千克	200	800	800	160000	2522.52		162522.52
							税号：210202123888888 发票专用章			
合计										¥213783.78

图 7-7　入库单

（4）4 日，出售上半年购买股票，售价 82300 元，证券公司扣收手续费 164.6
元，印花税 246.9 元。该股票账面价值 26000 元。股票交割单如图 7-8 所示。

大连连大证券公司滨海营业部

卖	2014 年 12 月 4 日	成交过户交割凭单
公司代码：888888	证券名称：601234	
股东账号：32132121	成交数量：10000	
资金账户：6666	成交价格：8.23	
股东姓名：大连白云实业发展有限公司	成交金额：¥82300	大连连大证券公司滨海营业部 转账转讫
申请编号：999	标准佣金 2‰：164.60	
申请时间：2014.12.04pm10：32：25	过户费用：	
成交时间：2014.12.04pm10：33：01	印花税 3‰：246.90	
资金前余额：¥28000.00	附加费用：	
资金余额：¥2000.00	实际收付金额：81888.50	
证券前余额：10000 股		
本次余额：0		

图 7-8　股票交割单

（5）5 日，开出转账支票 19900 元，购买电脑 5 台，其中 2 台交付办公室使
用，3 台交业务部门使用。支票存根、增值税发票和固定资产交接单如图 7-9~
图 7-12 所示。

建设银行转账支票存根
支票号码 No00000002

科目:	
对方科目:	
签发日期：2014 年 12 月 5 日	
收款人：大连电子商场	
金额：¥19900.00	
用途：购买电脑	
备注：	

单位主管： 会计：
复核： 记账：

图 7-9 建设银行转账支票存根

210211163

大连增值税普通发票
开票日期：2014 年 12 月 5 日

No00304412

购货单位	名称：白云实业有限公司 纳税人识别号：1020280808080W 地址、电话：中山区海滨路 888 号 28286666 开户银行及账号：中国银行星海支行 210211000303123133	密码区	1**2/767>/9-17/891125 *-3-*6*98+-6*3<1665>8 21956790<4<31+253808- 0/-+9/41*4<*0*866>>2/

货物或应税劳务名称	规格型号	单位	数量	单价	金额	税率	税额
联想电脑		台	5	3980.00	17008.55	17%	2891.45
合计					17008.55		2891.45

价税合计（大写）	⊗壹万玖仟玖佰元整 （小写）¥19900.00

销货单位	名称：大连电子商场 纳税人识别号：21020280808080w 地址、电话：中山区柳河路 32 号 68681111 开户银行及账号：建设银行青泥支行 21021100033654666	备注 税号 21020280808080w 发票专用章

收款人： 复核： 开票人： 销货单位（章）：

图 7-10 大连增值税普通发票

固定资产交接单
2014 年 12 月 5 日

移交单位		接受单位	办公室
固定资产名称	联想电脑	规格	
附属物		数量	2
建造单位	联想集团	出厂或建造时间	2014.10.11
安装单位		安装完成时间	2014.12.05
原值	¥7960.00	其中：安装费	
移交单位负责人		接受单位负责人	

图 7-11 固定资产交接单（1）

固定资产交接单

2014 年 12 月 5 日

移交单位		接受单位	业务部门
固定资产名称	联想电脑	规格	
附属物		数量	3
建造单位	联想集团	出厂或建造时间	2014.10.11
安装单位		安装完成时间	2014.12.05
原值	¥11940.00	其中：安装费	
移交单位负责人		接受单位负责人	

图 7-12　固定资产交接单（2）

（6）6 日，向希望工程赞助 30000 元。支票存根和捐款收据如图 7-13 和图 7-14 所示。

建设银行转账支票存根
支票号码 No00000003

科目：
对方科目：
签发日期：2014 年 12 月 6 日
收款人：希望工程办公室
金额：¥30000.00
用途：捐赠
备注：

单位主管：　　　会计：
复核：　　　　　记账：

图 7-13　建设银行转账支票存根

希望工程捐款专用收据

辽财政盈督字161.1 号
2014 年 12 月 6 日
财政部监制

捐赠者：大连白云实业有限公司　　　捐赠号：20081208
捐赠货币（实物）种类：续四十里堡小学
捐赠金额（实物价值）
小写：¥30000.00
大写：⊗叁万元整
收款单位（盖章）　　　　　　　　经手人：

第一联 收据

图 7-14　希望工程捐款专用收据

178

（7）8 日，车辆肇事，支付对方维修费 2800 元，保险公司全额理赔。维修发票、收款收据和进账单如图 7-15~图 7-17 所示。

大连市国家税务局通用机打发票

发票联　发票代码 1210211378978
发票号码 00123434

开票日期：2014 年 12 月 8 日　　行业：加工修理

购货单位名称：白云实业有限公司	税务登记代码：

购货单位地址：　　　　　　　　　　开户银行名称：
购货单位电话：　　　　　　　　　　开户银行账号：

品名	规格型号	计量单位	数量	单价	金额
钣金				1000.00	1000.00
喷漆				1800.00	1800.00
合计					2800.00

销售单位名称：大连远大汽车维修厂　　税务登记代码：210211225671121
销售单位地址：　　　　　　　　　　　开户银行名称：
销售单位电话：　　　　　　　　　　　开户银行账号：
开票人：

第一联　发票联

图 7-15　大连市国家税务局通用机打发票

专用收款收据

收款日期 2014 年 12 月 8 日　　　　辽宁省财政厅监制

付款单位（付款人）	中华保险	收款单位（领款人）	大连白云实业有限公司										收款项目	事故理赔
人民币（大写）	⊗贰仟捌佰元整		千	百	十	万	千	百	十	元	角	分	结算方式	
						¥	2	8	0	0	0	0	转账	
事由	事故理赔款		经办	部门										
				人员										
上述款项照数收讫无误。收款单位财务专用章：（领款人签章）			会计主管		稽核								交款人	

第二联　收款单位记账依据

1. 本收据只做非经营性专用收款收据，不能代替发票使用。2. 结算方式按现金、转账、付委、信汇、电汇、托收承付、托收无承付等方式分别列填。3. 本收据一式三联复写，不得涂改，如写错，不得撕掉，要保留备查。

图 7-16　专用收款收据

179

中国银行进账单（回单或收账通知）

2014 年 12 月 8 日

付款人	全称	中华保险	收款人	全称	白云实业有限公司
	账号	955000121222345678		账号	210211000303123133
	开户银行	农业银行		开户银行	中国银行星海支行

人民币（大写）	⊗贰仟捌佰元整	千	百	十	万	千	百	十	元	角	分
					¥	2	8	0	0	0	0

票据种类	转账
票据张数	1 张

中国银行星海支行
转账
转讫

单位
主管　　　会计　　　复核　　　记账　　　　收款人开户银行盖章

此联是收款人的回单或收账通知收款人开户银行交给

图 7-17　中国银行进账单

（8）9 日，销售甲产品 20 件，开具的增值税专用发票注明单价 42000 元，价款 840000 元，增值税 142800 元。已办妥货款进账手续。销售发票和进账单如图 7-18 和图 7-19 所示。

大连增值税专用发票

开票日期：2014 年 12 月 9 日

210211140

No10305560

全国统一发票
大连市
国家税务总局监制

购货单位	名称：大连机电供应公司 纳税人识别号：210202111111111 地址、电话：甘区新新路 3 号 开户银行及账号：大连银行 210202100987654321	密码区	1⊗⊗2/767>/9-17/891125 加密版本:01 ×-3-⊗6+98+-6⊗3<16658 219567904<4<31+253808- 210211140 0/-+9/41⊗4<⊗0⊗866>>2/ 00309989

货物或应税劳务名称	规格型号	单位	数量	单价	金额	税率	税额
甲商品		件	20	42000.00	840000.00	17%	142800.00
合计					840000.00		142800.00

价税合计（大写）	⊗玖拾捌万贰仟捌佰元整　（小写）¥982800.00		

销货单位	名称：白云实业有限公司 纳税人识别号：1020280808080W 地址、电话：中山区海滨路 888 号 28286666 开户银行及账号：中国银行星海支行 210211000303123133	备注	白云实业有限公司 1020280808080W 发票专用章

收款人：　　　　复核：　　　　开票人：　　　　销货单位（章）：

图 7-18　大连增值税专用发票（记账联）

第三联　记账联　销售方记账凭证

中国银行进账单（回单或收账通知）

2014 年 12 月 9 日

付款人	全称	大连机电供应公司	收款人	全称	白云实业有限公司
	账号	866000212122112222		账号	210211000303123133
	开户银行	大连银行		开户银行	中国银行星海支行

人民币（大写）	⊗玖拾捌万贰仟捌佰元整	千	百	十	万	千	百	十	元	角	分
			¥	9	8	2	8	0	0	0	0

票据种类	转账支票
票据张数	1 张

单位
主管　　　会计　　　复核　　　记账

中国银行星海支行
转账
转讫

收款人开户银行盖章

此联是收款人开户银行交给收款人的回单或收账通知

图 7-19　中国银行进账单

（9）10 日，转账支付上月应交税金。税收缴款书如图 7-20~图 7-25 所示。

中华人民共和国税收通用缴款书 ㊤

2014 年 12 月 10 日

缴款单位（人）	代码	21021160606666	预算科目	编码	
	全称	大连白云实业有限公司		名称	企业所得税
	开户银行	中国银行星海支行		级次	中央 60%，地市 22%，县区 18%
	账号	210211000303123133		收款国库	大连市分库

税款所属时期：2014 年 11 月 1 日至 2014 年 11 月 30 日　　税款限缴日期：2014 年 12 月 10 日

品目名称	课税数量	计税金额或销售收入	税率或单位税额	已缴或扣除额	实缴金额
企业所得税			25%		¥92000.00
金额合计（大写）　人民币玖万贰仟元整					¥92000.00

缴款单位（人）（盖章）税号：1020280808089W	税务机关（盖章）	上述款项已收妥并划转收款单位账户	备注
经办人（盖章）发票专用章　票人（章）		国库（银行）盖章 2014 年 12 月 10 日	

中国银行星海支行
转账
转讫

无银行收讫章无效　　　　逾期不缴按税法规定加收滞纳金

图 7-20　税收通用缴款书（1）

第一联 国库（银行）收款盖章后退缴款人做完税凭证

181

中华人民共和国税收通用缴款书 地

2014 年 12 月 10 日

缴款单位（人）	代码	2010909	预算科目	编码	
	全称	大连白云实业有限公司		名称	
	开户银行	中国银行星海支行		级次	
	账号	210211000303123133		收款国库	

税款所属时期：2014 年 11 月 1 日至 2014 年 11 月 30 日　　税款限缴日期：2014 年 12 月 10 日

品目名称	课税数量	计税金额或销售收入	税率或单位税额	已缴或扣除额	实缴金额
营业税		400000.00	5%		20000.00
金额合计（大写）人民币贰万元整					¥20000.00
缴款单位（人）（盖章） 税务机关（盖章） 税号：1020280808080W 经办人（章）发票专用章票人（章）			上述款项已收妥并划转收款单位账户 国库（银行）盖章 2014 年 12 月 10 日		备注

无银行收讫章无效　　　　　逾期不缴按税法规定加收滞纳金

图 7-21　税收通用缴款书（2）

中华人民共和国税收通用缴款书 地

2014 年 12 月 10 日

缴款单位（人）	代码	2010909	预算科目	编码	
	全称	大连白云实业有限公司		名称	
	开户银行	中国银行星海支行		级次	
	账号	210211000303123133		收款国库	

税款所属时期：2014 年 11 月 1 日至 2014 年 11 月 30 日　　税款限缴日期：2014 年 12 月 10 日

品目名称	课税数量	计税金额或销售收入	税率或单位税额	已缴或扣除额	实缴金额
城建税		100000.00	7%		7000.00
金额合计（大写）人民币柒仟元整					¥7000.00
缴款单位（人）（盖章） 税务机关（盖章） 税号：1020280808080W 经办人（章）发票专用章票人（章）			上述款项已收妥并划转收款单位账户 国库（银行）盖章 2014 年 12 月 10 日		备注

无银行收讫章无效　　　　　逾期不缴按税法规定加收滞纳金

图 7-22　税收通用缴款书（3）

第一联　国库（银行）收款盖章后退缴款人做完税凭证

中华人民共和国税收通用缴款书

2014 年 12 月 10 日 地

缴款单位(人)	代码	2010909	预算科目	编码	
	全称	大连白云实业有限公司		名称	
	开户银行	中国银行星海支行		级次	
	账号	21021000303123133		收款国库	

| 税款所属时期：2014 年 11 月 1 日至 2014 年 11 月 30 日 | | | 税款限缴日期：2014 年 12 月 10 日 | | |

品目名称	课税数量	计税金额或销售收入	税率或单位税额	已缴或扣除额	实缴金额
教育费附加		100000.00	3%		3000.00

| 金额合计(大写)人民币叁仟元整 | | | | | ¥3000.00 |

| 缴款单位(人)(盖章) 税号：1020280808080W 经办人(章) 发票专用章票人(章) 税务机关 | | 上述款项已收妥并划转收款单位账户 国库(银行)盖章 2014 年 12 月 10 日 | | 备注 | |

无银行收讫章无效　　　逾期不缴按税法规定加收滞纳金

图 7-23　税收通用缴款书（4）

中华人民共和国税收通用缴款书

2014 年 12 月 10 日 地

缴款单位(人)	代码	2010909	预算科目	编码	
	全称	大连白云实业有限公司		名称	
	开户银行	中国银行星海支行		级次	
	账号	21021000303123133		收款国库	

| 税款所属时期：2014 年 11 月 1 日至 2014 年 11 月 30 日 | | | 税款限缴日期：2014 年 12 月 10 日 | | |

品目名称	课税数量	计税金额或销售收入	税率或单位税额	已缴或扣除额	实缴金额
地方教育费		100000.00	1%		1000.00

| 金额合计(大写)人民币壹仟元整 | | | | | ¥1000.00 |

| 缴款单位(人)(盖章) 税号：1020280808080W 经办人(章) 发票专用章人(章) 税务机关 | | 上述款项已收妥并划转收款单位账户 国库(银行)盖章 2014 年 12 月 10 日 | | 备注 | |

无银行收讫章无效　　　逾期不缴按税法规定加收滞纳金

图 7-24　税收通用缴款书（5）

中华人民共和国税收通用缴款书

2014 年 12 月 10 日 地

<table>
<tr><td rowspan="4">缴款单位（人）</td><td>代码</td><td>2010909</td><td rowspan="4">预算科目</td><td>编码</td><td></td></tr>
<tr><td>全称</td><td>大连白云实业有限公司</td><td>名称</td><td></td></tr>
<tr><td>开户银行</td><td>中国银行星海支行</td><td>级次</td><td></td></tr>
<tr><td>账号</td><td>210211000303123133</td><td>收款国库</td><td></td></tr>
</table>

税款所属时期：2014 年 11 月 1 日至 2014 年 11 月 30 日				税款限缴日期：2014 年 12 月 10 日	
品目名称	课税数量	计税金额或销售收入	税率或单位税额	已缴或扣除额	实缴金额
个人所得税					2801.00
金额合计（大写）人民币贰仟捌佰零壹元				中国银行星海支行 转账 讫	¥2801.00
缴款单位（人）（盖章）税号：1020280808080W 经办人（盖章）发票专用章		税务机关（盖章）开票人（章）	上述款项已收妥并划转收款单位账户 国库（银行）盖章 2014 年 12 月 10 日		备注

无银行收讫章无效　　　　　逾期不缴按税法规定加收滞纳金

图 7-25　税收通用缴款书（6）

（10）10 日，缴纳税收罚款 30000 元。罚款收据如图 7-26 所示。

中华人民共和国税收罚款收据

经济类型：有限责任　　　填发日期：2014 年 12 月 10 日　　　征收机关：××国税局

<table>
<tr><td rowspan="2">被罚人</td><td>代码</td><td></td><td>地址</td><td></td></tr>
<tr><td>名称</td><td>大连白云实业有限公司</td><td>补税凭证字号</td><td></td></tr>
<tr><td colspan="2">违章事实</td><td>漏税</td><td></td><td></td></tr>
<tr><td colspan="2">处罚依据</td><td></td><td></td><td rowspan="3">中国银行星海支行 转账 讫 ¥30000.00</td></tr>
<tr><td colspan="2">处罚办法</td><td></td><td></td></tr>
<tr><td colspan="2">处罚金额</td><td>（大写）叁万元整</td><td></td></tr>
<tr><td colspan="2">征收机关（盖章）</td><td>填表人：税号：1020280808080W（盖章）发票专用章</td><td>备注</td></tr>
</table>

图 7-26　税收罚款收据

（11）11 日，销售乙产品 30 箱，开出的增值税专用发票注明价款合计 267000 元，增值税 45390 元。款项暂未收到。销售发票如图 7-27 所示。

210211140

大连增值税专用发票

开票日期：2014 年 12 月 11 日

No10305561

国家税务总局监制

购货单位	名称：大连电子批发公司 纳税人识别号：210202111111123 地址、电话：甘区槐柳路 3 号 开户银行及账号：大连银行 210202100987654333							

密码区：1■■2/767>/9-17/891125 ■-3-■6+98+-6■3<1665>8 21956790<4<31+253808- 0/-+9/41■4<■0■866>>2/ 00309989

货物或应税劳务名称	规格型号	单位	数量	单价	金额	税率	税额
乙商品		箱	30	8900	267000.00	17%	45390.00
合计					267000.00		45390.00
价税合计（大写）	⊗叁拾壹万贰仟叁佰玖拾元整（小写）¥312390.00						

销货单位	名称：白云实业有限公司 纳税人识别号：1020280808080W 地址、电话：中山区海滨路 888 号 28286666 开户银行及账号：中国银行星海支行 210211000303123133		备注

发票专用章 税号：1020280808080W

收款人： 复核： 开票人： 销货单位（章）：

图 7-27 大连增值税专用发票（记账联）

（12）12 日，向大连黄海物资供应公司开出转账支票一张，购买 A 材料 100 千克，单价 520 元，B 材料 200 千克，单价 810 元，对方垫付运费 4200 元。材料已验收入库。转账支票存根、购货发票、货物运输业增值税专用发票和入库单如图 7-28~图 7-32 所示。

建设银行转账支票存根

支票号码 No00000004

科目：
对方科目：
签发日期：2014 年 12 月 12 日
收款人：大连黄海物资供应公司
金额：¥218200.00
用途：购买材料
备注：

单位主管： 会计：
复核： 记账：

图 7-28 建设银行转账支票存根

210211140

大连增值税专用发票

开票日期：2014 年 12 月 12 日

No00320003

购货单位	名称：白云实业有限公司
	纳税人识别号：1020280808080W
	地址、电话：中山区海滨路 888 号 28286666
	开户银行及账号：中国银行星海支行 210211000303123133

密码区　1★★2/767>/9-17/891125 加密版本:01 ★-3-★6+98+-6★3<1665>8 2102111140 21956790<4<31+253808- 0/-+9/41★4<★0★866>>2/ 00309989

货物或应税劳务名称	规格型号	单位	数量	单价	金额	税率	税额
A 材料		千克	100	520	52000.00	17%	8840.00
B 材料		千克	200	810	162000.00	17%	27540.00
合计					214000.00		36380.00
价税合计（大写）	⊗贰拾伍万零叁佰捌拾元整 （小写）¥250380.00						

销货单位	名称：大连黄海物资供应公司
	纳税人识别号：21020212345678S
	地址、电话：甘区山前路 2 号
	开户银行及账号：大连银行 210202123456789001

税号：21020212345678S
发票专用章

收款人：　　　复核：　　　开票人：　　　销货单位（章）：

第一联　发票联　购货方记账凭证

图 7-29　大连增值税专用发票（发票联）

210211140

大连增值税专用发票

开票日期：2014 年 12 月 12 日

No00320003

购货单位	名称：白云实业有限公司
	纳税人识别号：1020280808080W
	地址、电话：中山区海滨路 888 号 28286666
	开户银行及账号：中国银行星海支行 210211000303123133

密码区　1★★2/767>/9-17/891125 加密版本:01 ★-3-★6+98+-6★3<1665>8 2102111140 21956790<4<31+253808- 0/-+9/41★4<★0★866>>2/ 00309989

货物或应税劳务名称	规格型号	单位	数量	单价	金额	税率	税额
A 材料		千克	100	520	52000.00	17%	8840.00
B 材料		千克	200	810	162000.00	17%	27540.00
合计					214000.00		36380.00
价税合计（大写）	⊗贰拾伍万零叁佰捌拾元整 （小写）¥250380.00						

销货单位	名称：大连黄海物资供应公司
	纳税人识别号：21020212345678S
	地址、电话：甘区山前路 2 号
	开户银行及账号：大连银行 210202123456789001

税号：21020212345678S
发票专用章

收款人：　　　复核：　　　开票人：　　　销货单位（章）：

第二联　抵扣联　购货方扣税凭证

图 7-30　大连增值税专用发票（抵扣联）

<h3 align="center">货物运输业增值税专用发票</h3>

221021110401   大连市   No10000018

开票日期：2014年12月12日

承运人及纳税人识别号	大连大鹏货物运输有限公司 95820299887766	密码区		（略）	
实际受票方及纳税人识别号	白云实业有限公司 21021160606666	发货人及纳税人识别号		大连黄海物资供应公司 21020289898892X	
收货人及纳税人识别号	白云实业有限公司 21021160606666	主管税务机关及代码		大连市经济技术开发区地税局 221029600	
起运地、经由、到达地					

费用项目及金额	费用项目	金额		运输货物信息	项目	金额	备注
	运费	3783.78					

合计金额	¥4200.00	税率	11%	税额	¥416.22	机器编号	
合计（大写）	⊗肆仟贰佰元整 （小写）¥4200.00						
车种车号		车船吨位		备注			
主管税务机关及代码							

第二联 抵扣联 受票方抵扣凭证（手写无效）

图 7-31 货物运输业增值税专用发票

<h3 align="center">入库单</h3>

供应单位：大连黄海物资供应公司   入库单编号

材料类别：主要材料   2014 年 12 月 12 日   收料仓库：材料库

编号	名称	规格	单位	数量		实际成本				
				应收	实收	买价		运杂费	其他	合计
						单价	金额			
A001	A 材料		千克	100	100	520	52000	1261.26		53261.26
B001	B 材料		千克	200	200	810	162000	2522.52		164522.52
合计										¥217783.78

图 7-32 入库单

（13）15 日，接银行通知，代付电费 5265 元。电费发票和付款通知如图 7-33~图 7-35 所示。

210211140

大连增值税专用发票

开票日期：2014 年 12 月 15 日

No12320063

国家税务总局监制

购货单位	名称：白云实业有限公司
	纳税人识别号：1020280808080W
	地址、电话：中山区海滨路 888 号 28286666
	开户银行及账号：中国银行星海支行 210211000303123133

密码区：1**2/767>/9-17/891125 ×-3-*6+98+-6*3<1665>8 21956790<4<31+253808- 0/-+9/41*4<*0*866>>2/ 加密版本:01 2102111140 00309989

货物或应税劳务名称	规格型号	单位	数量	单价	金额	税率	税额
电费		度	6000	0.75	4500.00	17%	765.00
合计					4500.00		765.00

价税合计（大写）	⊗伍仟贰佰陆拾伍元整 （小写）¥5265.00

销货单位	名称：大连供电公司
	纳税人识别号：210202123888888
	地址、电话：中山路 99 号
	开户银行及账号：商业银行 210202123456666666

税号：210202123888888
发票专用章

收款人：　　　复核：　　　开票人：　　　销货单位（章）：

图 7-33　大连增值税专用发票（发票联）

210211140

大连增值税专用发票

开票日期：2014 年 12 月 15 日

No12320063

国家税务总局监制

购货单位	名称：白云实业有限公司
	纳税人识别号：1020280808080W
	地址、电话：中山区海滨路 888 号 28286666
	开户银行及账号：中国银行星海支行 210211000303123133

密码区：1**2/767>/9-17/891125 ×-3-*6+98+-6*3<1665>8 21956790<4<31+253808- 0/-+9/41*4<*0*866>>2/ 加密版本:01 2102111140 00309989

货物或应税劳务名称	规格型号	单位	数量	单价	金额	税率	税额
电费		度	6000	0.75	4500.00	17%	765.00
合计					4500.00		765.00

价税合计（大写）	⊗伍仟贰佰陆拾伍元整 （小写）¥5265.00

销货单位	名称：大连供电公司
	纳税人识别号：210202123888888
	地址、电话：中山路 99 号
	开户银行及账号：商业银行 210202123456666666

税号：210202123888888
发票专用章

收款人：　　　复核：　　　开票人：　　　销货单位（章）：

图 7-34　大连增值税专用发票（抵扣联）

委托收款凭证（付款通知）

委托日期：2014 年 12 月 12 日　　　　　　　　付款日期：2014 年 12 月 15 日

付款人	全称	白云实业有限公司	收款人	全称	大连供电公司	此联是收款人开户银行交给
	账号	210211000303123133		账号	210202123456666666	
	开户银行	中国银行星海支行		开户银行	商业银行	

托收金额	人民币（大写）⊗伍仟贰佰陆拾伍元整		千	百	十	万	千	百	十	元	角	分
						¥	5	2	6	5	0	0

票据种类	转账
票据张数	1 张

中国银行星海支行
转账
转讫

单位				
主管	会计	复核	记账	收款人开户银行盖章

图 7-35　委托收款凭证

（14）18 日，转让一项专利权，收取价款 150000 元，已办理进账手续。该专利权的账面价值是 60000 元。销售发票和进账单如图 7-36 和图 7-37 所示。

210211140　　　**大连增值税专用发票**　　　No10305578

开票日期：2014 年 12 月 18 日

购货单位	名称：大连新新科技有限公司 纳税人识别号：210202123456720 地址、电话：甘区槐柳路 19 号 开户银行及账号：大连银行 210202100123254321	密码区	1**2/767>/9-17/891125 加密版本:01 *>3>6+98+6*3<1665>8 21956790<4<31+253808- 0/-*9/41*4<*0*866>>2/ 00309989 210211140

货物或应税劳务名称	规格型号	单位	数量	单价	金额	税率	税额
专利权		项	1	141509.43	141509.43	6%	8490.57
合计					141509.43		8490.57

价税合计（大写）	⊗壹拾伍万元整（小写）¥150000.00		

销货单位	名称：白云实业有限公司 纳税人识别号：1020280808080W 地址、电话：中山区海滨路 888 号 28286666 开户银行及账号：中国银行星海支行 210211000303123133	备注	白云实业有限公司 税号：1020280808080W 发票专用章

收款人：　　　　　复核：　　　　　开票人：　　　　　销货单位（章）：

图 7-36　大连增值税专用发票（记账联）

第三联 记账联 销售方记账凭证

中国银行进账单（回单或收账通知）
2014 年 12 月 18 日

付款人	全称	大连新新科技有限公司	收款人	全称	白云实业有限公司
	账号	866000212122112222		账号	210211000303123133
	开户银行	工商银行		开户银行	中国银行星海支行

人民币（大写）	⊗壹拾伍万元整	千	百	十	万	千	百	十	元	角	分
				¥	1	5	0	0	0	0	0

票据种类	转账
票据张数	1 张

单位主管　　　会计　　　复核　　　记账

中国银行星海支行
转账
转讫
收款人开户银行盖章

此联是收款人的回单或收账通知 收款人开户银行交给

图 7-37　中国银行进账单

（15）20 日，发放上月工资 156194 元。支票存根如图 7-38 所示。企业上月应发工资 192000 元，代扣个人所得税 1246 元、公积金 15360、医疗保险 3840 元、养老保险 15360 元，实发工资 156194 元。

建设银行转账支票存根
支票号码 No00000006

科目：
对方科目：
签发日期：2014 年 12 月 20 日
收款人：
金额：¥156194.00
用途：工资
备注：

单位主管：　　　　　会计：
复核：　　　　　记账：

图 7-38　建设银行转账支票存根

（16）21 日，没收逾期未收回包装物押金 2000 元，予以转账。包装物押金处理文件如图 7-39 所示。

同意将一年前收到的包装物押金 2000 元，作为其他业务收入转账。
总经理：　　　　　　　　　　　会计主管：
2014 年 12 月 21 日　　　　　　2014 年 12 月 21 日

图 7-39　包装物押金处理文件

（17）22 日，签发两张转出支票支付本月应负担通信费用 6200 元，其中管理部门耗用 2000 元，销售部门耗用 2800 元，车间耗用 1400 元。通信费用发票和支票存根如图 7-40~图 7-43 所示。

中国网通（集团）有限公司大连和分公司电信业务专用发票
发票联　　　　　　　　发票号码 221020748102
2014 年 12 月 22 日地方税务局监制 票号 04923333

用户名称	大连白云实业有限公司	电话号码		局编账号	
合计金额	人民币（大写）⊗肆仟叁佰贰拾柒元整			人民币（小写）¥4327.00	
项目	基本月租费：（略） 本地通话费： 增值业务费： 国内长途话费： 互联网接入费：	中国网通（集团）有限公司 大连分公司 发票专用章（3）			

通话费周期：2014.11.01~2014.11.30　　付款方式：转账　　收款员：　　（手写无效）

图 7-40　电信业务专用发票

中国移动通信集团辽宁有限公司收费专用发票
发票联　　　　　　　　发票号码 221020645222
2014 年 12 月 22 日地方税务局监制 票号 00389999

话费结算月份	2014 年 11 月话费	业务流水	
客户名称	大连白云实业有限公司	移动电话号码或台数	14
缴费项目	新功能费（略） 本地通话费 长话费 数据通信费	中国移动通信集团辽宁有限公司 大连分公司 发票专用章（1）	
合计金额	人民币（大写）⊗壹仟捌佰柒拾叁元整 ¥1873.00		

收款单位（盖章有效）：　　　　　收款人：

图 7-41　中国移动通信收费专用发票

建设银行转账支票存根

支票号码 No00000007

科目：	
对方科目：	
签发日期：2014 年 12 月 22 日	
收款人：	
金额：¥4327.00	
用途：网通公司话费	
备注：	

单位主管：　　　　　会计：
复核：　　　　　　　记账：

图 7-42　建设银行转账支票存根

建设银行转账支票存根

支票号码 No00000008

科目：	
对方科目：	
签发日期：2014 年 12 月 22 日	
收款人：	
金额：¥1873.00	
用途：移动公司话费	
备注：	

单位主管：　　　　　会计：
复核：　　　　　　　记账：

图 7-43　建设银行转账支票存根

（18）23 日，从国外进口小汽车一辆，进口申报价格为 FOB20000 美元，款项尚未支付。海关填发税款缴款书日美元对人民币外汇牌价中间价为 1：6.6，运抵我国海关前发生的运输费用、保险费用无法确定，海关核实按其他运输公司相同业务的运输费用占货价的 2%，保险费率为 3‰。小汽车关税税率为 20%，消费税税率 8%。海关专用缴款书如图 7-44 和图 7-45 所示。

海关（进口关税）专用缴款书

收入系统：海关系统　　　　　　填发日期：2014 年 12 月 23 日

收款单位	收入机关	中央金库		缴款单位（人）	名称	大连白云实业有限公司	
	科目		预算级次		账号	210211000303123133	
	收款国库				开户银行	中国银行星海支行	
税号	货物名称	数量	单位	完税价格¥	税率%		税款金额¥
	小汽车	1	辆	135036	20%		27007.2

人民币（大写）⊗贰万柒仟零柒元贰角整		合计¥	¥27007.2
申请单位编号		报关单编号	
合同（批文）号		运输工具（号）	
交款期限	2014 年 12 月 25 日前	提/装货单号	
备注	一般征税 US$7.60 国际代码	填制单位 有 限 公 司 制单人 税复核人 1020280808080W 单证专用章	收款国库/（银行） 业务公章

从填发缴款书之日起限 15 日内缴纳（期末遇法定节假日顺延），逾期按日征收税款总额 1‰的滞纳金。

图 7-44　海关（进口关税）专用缴款书

海关（代征增值税消费税）专用缴款书

收入系统：海关系统　　　　　　填发日期：2014 年 12 月 23 日

收款单位	收入机关	中央金库		缴款单位（人）	名称	大连白云实业有限公司	
	科目		预算级次		账号	210211000303123133	
	收款国库				开户银行	中国银行星海支行	
税号	货物名称	数量	单位	完税价格¥	税率%		税款金额¥
	小汽车	1	辆	135036	8%		14090.71
					17%		29942.77

人民币（大写）肆万肆仟零叁拾叁元肆角捌分		合计¥	¥44033.48
申请单位编号		报关单编号	
合同（批文）号		运输工具（号）	
交款期限	2014 年 12 月 25 日前	提/装货单号	
备注	一般征税 US$7.60 国际代码	填制单位 有 限 公 司 制单人 税复核人 1020280808080W 单证专用章	收款国库/（银行） 业务公章

从填发缴款书之日起限 15 日内缴纳（期末遇法定节假日顺延），逾期按日征收税款总额 1‰的滞纳金。

图 7-45　海关（代征增值税消费税）专用缴款书

（19）24 日，销售甲产品 30 件，开具的增值税专用发票注明单价 45000 元，价款 1350000 元，增值税 229500 元。已办妥货款入账手续。销售发票和进账单如图 7-46~图 7-48 所示。

210211140

大连增值税专用发票

开票日期：2014 年 12 月 24 日　　　　　　No10305564

购货单位	名称：大连机电供应公司 纳税人识别号：210202111111111 地址、电话：甘区新新路 3 号 开户银行及账号：大连银行 210202100987654321					密码区	1**2/767>/9-17/891125 *-3-*6+98+-6*3<1665>8 21956790<4<31+253808 0/-+9/41*4<*0*866>>2/	加密版本：01 210211140 00309989	
货物或应税 劳务名称	规格型号	单位	数量	单价	金额		税率	税额	
甲商品		件	20	45000.00	900000.00		17%	153000.00	
合计					900000.00			153000.00	
价税合计 （大写）	⊗壹佰零伍万叁仟元整　（小写）¥1053000.00								
销货单位	名称：白云实业有限公司 纳税人识别号：1020280808080W 地址、电话：中山区海滨路 888 号 28286666 开户银行及账号：中国银行星海支行 210211000303123133					备注	税号：1020280808080W 发票专用章		

收款人：　　　　复核：　　　　开票人：　　　　销货单位（章）：

图 7-46　大连增值税专用发票（记账联）

210211140

大连增值税专用发票

开票日期：2014 年 12 月 24 日　　　　　　No10305565

购货单位	名称：大连机电供应公司 纳税人识别号：210202111111111 地址、电话：甘区新新路 3 号 开户银行及账号：大连银行 210202100987654321					密码区	1**2/767>/9-17/891125 *-3-*6+98+-6*3<1665>8 21956790<4<31+253808 0/-+9/41*4<*0*866>>2/	加密版本：01 210211140 00309989	
货物或应税 劳务名称	规格型号	单位	数量	单价	金额		税率	税额	
甲商品		件	10	45000.00	450000.00		17%	76500.00	
合计					450000.00			76500.00	
价税合计 （大写）	⊗伍拾贰万陆仟伍佰元整　（小写）¥526500.00								
销货单位	名称：白云实业有限公司 纳税人识别号：1020280808080W 地址、电话：中山区海滨路 888 号 28286666 开户银行及账号：中国银行星海支行 210211000303123133					备注	税号：1020280808080W 发票专用章		

收款人：　　　　复核：　　　　开票人：　　　　销货单位（章）：

图 7-47　大连增值税专用发票（记账联）

第三联　记账联　销售方记账凭证

中国银行进账单（回单或收账通知）
2014 年 12 月 24 日

付款人	全称	大连机电供应公司	收款人	全称	白云实业有限公司
	账号	866000212122112222		账号	210211000303123133
	开户银行	大连银行		开户银行	中国银行星海支行

人民币（大写）	⊗壹佰伍拾柒万玖仟伍佰元整	千	百	十	万	千	百	十	元	角	分
		¥ 1	5	7	9	5	0	0	0	0	0

票据种类	转账支票
票据张数	1 张

中国银行星海支行
转账转讫

单位				
主管	会计	复核	记账	收款人开户银行盖章

此联是收款人的回单或收账通知 收款人开户银行交给

图 7-48　中国银行进账单

（20）25 日，销售乙产品 10 箱，专业发票注明单价 9000 元，价款 90000元，增值税 15300 元。对方签发一张三个月的银行承兑汇票抵付货款。销售发票和银行承兑汇票如图 7-49 和图 7-50 所示。

大连增值税专用发票

210211140　　开票日期：2014 年 12 月 25 日　　No10305566

国家税务总局监制

购货单位	名称：大连电子批发公司
	纳税人识别号：210202111111123
	地址、电话：甘区槐柳路 3 号
	开户银行及账号：大连银行 210202100987654333

密码区
```
1**2/767>/9-17/891125      加密版本:01
*-3-*6+98+-6*3<1665>8
21956790<4<31+253808-     210211140
0/-*9/41*4<*0*866>>2/      00309989
```

货物或应税劳务名称	规格型号	单位	数量	单价	金额	税率	税额
乙商品		箱	10	9000.00	90000.00	17%	15300.00
合计					90000.00		15300.00

价税合计（大写）	⊗壹拾万伍仟叁佰元整　（小写）￥105300.00

销货单位	名称：白云实业有限公司	备注	税号：1020280808080W
	纳税人识别号：1020280808080W		发票专用章
	地址、电话：中山区海滨路 888 号 28286666		
	开户银行及账号：中国银行星海支行 2102110003031 23133		

收款人：　　　　复核：　　　　开票人：　　　　销货单位（章）：

第三联　记账联　销售方记账凭证

图 7-49　大连增值税专用发票（记账联）

195

银行承兑汇票
签发日期（大写）贰零壹肆年壹拾贰月贰拾伍日

收款人	全称	大连白云实业有限公司		付款人	全称	大连电子批发公司									
	账号	210211000303123133			账号	210202100987654333									
	开户银行	中国银行星海支行	行号		开户银行	大连银行			行号						
汇票金额	人民币（大写） ⊗壹拾万伍仟叁佰元整					千	百	十	万	千	百	十	元	角	分
						¥	1	0	5	3	0	0	0	0	0
汇票到期日	贰零壹伍年零叁月贰拾肆日			本汇票已经承兑，到期日由本行付款。 汇 2014.12.25		承兑协议编号									
本汇票付款行承兑，到期无条件付款。 出票人签章： 年 月 日				承兑行签章： 承兑日期：		科目（借） 对方科目（贷） 转账年月日 稽核记账									

图 7-50　银行承兑汇票

（21）26 日，业务员报销本月差旅费 3320 元，预借 3000 元。差旅费报销单如图 7-51 所示。

差旅费报销单
2014 年 12 月 26 日

月	日	时间	出发地	月	日	到达地	机票费	车船费	卧铺费	夜行车补助		宿费			出差补助		其他	合计
										小时	金额	标准	实支	提成扣减	天数	金额		
12	10	8：10	大连	12	10	上海	900					100	1000		10	500		2400
12	20	19：10	上海	12	20	大连	920											920
合计							1820						1000			500		3320
出差任务	开拓市场						报销金额（大写）	人民币⊗叁仟叁佰贰拾元整				预借金额			3000		
							单位领导	部门负责人		出差人		报销金额			¥3320.00		
												结余或超支			¥320		

会计主管人员：　　　　记账：　　　　审核：　　　　附单据　　　张

图 7-51　差旅费报销单

（22）27 日，收到国债利息 20000 元存入银行。进账单如图 7-52 所示。

中国银行进账单（回单或收账通知）

2014 年 12 月 27 日

付款人	全称	中国银行星海支行	收款人	全称	白云实业有限公司	
	账号	866000212122225555		账号	210211000303123133	
	开户银行	中国银行星海支行		开户银行	中国银行星海支行	

人民币（大写）	⊗贰万元整	千	百	十	万	千	百	十	元	角	分
				¥	2	0	0	0	0	0	0

票据种类	转账
票据张数	1 张

单位
主管 　　会计 　　复核 　　记账

中国银行星海支行
转账
转讫

收款人开户银行盖章

此联是收款人的回单或收账通知收款人开户银行交给

图 7-52　中国银行进账单

（23）28 日，从联营单位分回税后利润 90000 元（联营单位适用 20%的所得税税率），款项已存入银行。进账单如图 7-53 所示。

中国银行进账单（回单或收账通知）

2014 年 12 月 28 日

付款人	全称	格致工贸公司	收款人	全称	白云实业有限公司	
	账号	866000212123336666		账号	210211000303123133	
	开户银行	工商银行站前分行		开户银行	中国银行星海支行	

人民币（大写）	⊗玖万元整	千	百	十	万	千	百	十	元	角	分
				¥	9	0	0	0	0	0	0

票据种类	转账
票据张数	1 张

单位
主管 　　会计 　　复核 　　记账

中国银行星海支行
转账
转讫

收款人开户银行盖章

此联是收款人的回单或收账通知收款人开户银行交给

图 7-53　中国银行进账单

（24）28 日，购入 IP 卡 500 元，现金支付。发票如图 7-54 所示。

辽宁省大连市定额发票（发票联）

统一发票监制
辽宁—大连
地方税务局监制

发票号码：210211020200	
500 元	中国网通（集团）有限公司
付款方：	收款方（盖章有效）大连分公司
	发票专用章（3）
	开票日期：2014 年 12 月 28 日

图 7-54　定额发票

（25）29 日，将面值 200000 元三个月期商业汇票办理贴现，贴现率 6%。票据贴现凭证如图 7-55 所示。

票据贴现凭证（收账通知）
填写日期：2014 年 12 月 29 日

<table>
<tr><td rowspan="3">申请人</td><td>全称</td><td colspan="2">大连白云实业有限公司</td><td rowspan="4">贴现汇票</td><td>全称</td><td colspan="8">商业承兑汇票</td></tr>
<tr><td>账号</td><td colspan="2">210211000303123133</td><td>发票日</td><td colspan="8">2014 年 12 月 25 日</td></tr>
<tr><td>开户银行</td><td>中国银行星海支行</td><td>行号</td><td>到期日</td><td colspan="8">2015 年 3 月 24 日</td></tr>
<tr><td colspan="2">汇票承兑人</td><td colspan="2"></td><td>账号</td><td colspan="3"></td><td colspan="2">开户银行</td><td colspan="2"></td></tr>
<tr><td colspan="2">汇票金额
（贴现金额）</td><td colspan="2">人民币（大写）
⊗贰拾万元整</td><td colspan="2">千</td><td>百</td><td>十</td><td>万</td><td>千</td><td>百</td><td>十</td><td>元</td><td>角</td><td>分</td></tr>
<tr><td colspan="2"></td><td colspan="2"></td><td colspan="2">￥2</td><td>0</td><td>0</td><td>0</td><td>0</td><td>0</td><td>0</td><td>0</td><td>0</td></tr>
<tr><td colspan="2">年贴现率</td><td>贴现利息</td><td rowspan="2">实际支付金额</td><td></td><td colspan="10"></td></tr>
<tr><td colspan="2">6%</td><td>￥1509.30</td><td colspan="2">￥1</td><td>9</td><td>8</td><td>4</td><td>9</td><td>0</td><td>7</td><td>0</td></tr>
<tr><td colspan="4">上述款项已转 210211000303123133 账户。
此致
　　　　　　银行盖章
　　　　　　2014 年 12 月 29 日</td><td colspan="9">备注：中国银行星海支行 转账转讫</td></tr>
</table>

图 7-55　票据贴现凭证

（26）31 日，提取坏账准备 33400 元。按税法规定应提取 3400 元。坏账准备计算表如表 7-1 所示。

表 7-1　坏账准备计算表
2014 年 12 月 31 日　　　　　　　　　　　　单位：元

应收账款期末余额	提取坏账比率 0.5‰	按应收款项计算应提坏账准备金额①	提取前坏账准备账户期末余额（贷方为负）②	应提取的坏账准备金③＝①＋②
6800000	0.5‰	3400	30000	33400
合计				33400

（27）31 日，提取借款利息。借款利息计算表如表 7-2 和表 7-3 所示。

表 7-2　金融机构借款利息计算表

2014 年 12 月 31 日　　　　　　　　单位：元

借款证号	借款类型	计息起止期	本期计息期	借款金额	利率	本期应计利息	已提利息	合计
005	短期	2014.10.01~ 2014.12.31	2014.12.01~ 2014.12.31	300000	5%	1250	2500	3750
013	长期	2014.01.01~ 2014.12.31	2014.12.01~ 2014.12.31	1000000	9%	7500	82500	90000

财务主管：　　　　制表人：

表 7-3　非金融机构借款利息计算表

2014 年 12 月 31 日　　　　　　　　单位：元

借款证号	借款类型	计息起止期	本期计息期	借款金额	利率	本期应计利息	已提利息	合计
014	长期	2014.01.01~ 2014.12.31	2014.12.01~ 2014.12.31	1000000	12%	10000	110000	120000
006	短期	2014.12.01~ 2014.12.31	2014.12.01~ 2014.12.31	100000	6%	500	0	500

财务主管：　　　　制表人：

（28）31 日，计提固定资产折旧。固定资产折旧计算表如表 7-4 所示。

表 7-4　固定资产折旧计算表

单位：元

固定资产名称	固定资产原值	残值 5%	使用年限	本期折旧期间	本期应提折旧金额
生产经营用房	90000000	4500000	50	2014.12.01~2014.12.31	142500
管理部门	2000000	100000	50	2014.12.01~2014.12.31	3166.67
仓库	3000000	150000	50	2014.12.01~2014.12.31	4750
轿车 1	200000	10000	5	2014.12.01~2014.12.31	3166.67
轿车 2	120000	6000	5	2014.12.01~2014.12.31	1900
客车（4 辆）	800000	40000	5	2014.12.01~2014.12.31	12666.67
载货汽车（3 辆）	420000	21000	5	2014.12.01~2014.12.31	6650

（29）31 日，分配本月工资费用。工资计算表如表 7-5 所示。

表 7-5　工资计算表　　　　　　　　　单位：元

部门编号	部门名称	员工编号	员工姓名	工资总额	取暖费	公积金	医保	养老	个税	实发工资
01	办公室	101	李佳成	6000.00	114.00	900.00	120.00	480.00	30.00	4584.00
01	办公室	102	华婧	4000.00	114.00	600.00	80.00	320.00	0.00	3114.00
01	办公室	103	马艳华	3000.00	114.00	450.00	60.00	240.00	0.00	2364.00
01	办公室	104	魏庆峰	2800.00	114.00	420.00	56.00	224.00	0.00	2214.00
01	办公室	105	杨咏	2900.00	114.00	435.00	58.00	232.00	0.00	2289.00
小计				18700.00	570.00	2805.00	374.00	1496.00	30.00	14565.00
02	生产车间	201	方兴宇	4000.00	114.00	600.00	80.00	320.00	0.00	3114.00
02	生产车间	202	钱忠坤	3200.00	114.00	480.00	64.00	256.00	0.00	2514.00
02	生产车间	203	郑旭飞	2900.00	114.00	435.00	58.00	232.00	0.00	2289.00
02	生产车间	204	郭新鑫	3200.00	114.00	480.00	64.00	256.00	0.00	2514.00
02	生产车间	205	宫为维	2900.00	114.00	435.00	58.00	232.00	0.00	2289.00
02	生产车间	206	于旭晖	2900.00	114.00	435.00	58.00	232.00	0.00	2289.00
02	生产车间	207	孙有粮	2900.00	114.00	435.00	58.00	232.00	0.00	2289.00
02	生产车间	208	周新方	2900.00	114.00	435.00	58.00	232.00	0.00	2289.00
02	生产车间	209	杨小健	2900.00	114.00	435.00	58.00	232.00	0.00	2289.00
02	生产车间	210	黄军侠	2900.00	114.00	435.00	58.00	232.00	0.00	2289.00
02	生产车间	211	孙有亮	2900.00	114.00	435.00	58.00	232.00	0.00	2289.00
02	生产车间	212	王小溪	2900.00	114.00	435.00	58.00	232.00	0.00	2289.00
02	生产车间	213	祖利军	2900.00	114.00	435.00	58.00	232.00	0.00	2289.00
02	生产车间	214	何爱军	3100.00	114.00	465.00	62.00	248.00	0.00	2439.00
02	生产车间	215	宋伟强	2900.00	114.00	435.00	58.00	232.00	0.00	2289.00
02	生产车间	216	赵银虎	2900.00	114.00	435.00	58.00	232.00	0.00	2289.00
合计				48300.00	1824.00	7245.00	966.00	3864.00	0.00	38049.00
03	业务部门	301	江若岩	4000.00	114.00	600.00	80.00	320.00	0.00	3114.00
03	业务部门	302	马天啸	3000.00	114.00	450.00	60.00	240.00	0.00	2364.00
03	业务部门	303	刘天娇	3100.00	114.00	465.00	62.00	248.00	0.00	2439.00
03	业务部门	304	曲立立	3200.00	114.00	480.00	64.00	256.00	0.00	2514.00
合计				13300.00	456.00	1995.00	266.00	1064.00	0.00	10431.00
06	财务部门	401	罗淼	5000.00	114.00	750.00	100.00	400.00	7.50	3856.50
06	财务部门	402	胡秋华	3600.00	114.00	540.00	72.00	288.00	0.00	2814.00
06	财务部门	403	王罡	3300.00	114.00	495.00	66.00	264.00	0.00	2589.00
06	财务部门	404	柳元元	3100.00	114.00	465.00	62.00	248.00	0.00	2439.00
合计				15000.00	456.00	2250.00	300.00	1200.00	7.50	11698.50
总计				95300.00	3306.00	14295.00	1906.00	7624.00	37.50	74743.50

(30) 31 日，结转制造费用。

(31) 31 日，结转本月销售成本。汇总产品出库单如图 7-56 所示。

汇总产品出库单
2014 年 12 月 31 日

产品编号	产品名称规格	单位	数量	单位成本	总成本	备注
	甲产品	件	20			
	甲产品	件	30			
	乙产品	箱	30			
	乙产品	箱	10			

图 7-56 汇总产品出库单

(32) 31 日，期末 A 材料盘亏 2 千克，单价 500 元，共计 1000 元。经批准，保管员负担 600 元，其余转作营业外支出。存货溢缺报告单见图 7-57，材料盘亏（盈）处理通知单如图 7-58 所示。

存货溢缺报告单
2014 年 12 月 31 日

商品名称	单位	账存数	实存数	短缺			溢余			原因
				数量	单价	金额	数量	单价	金额	
A 材料	千克	80	78	2	500	1000				保管不善
合计										

图 7-57 存货溢缺报告单

材料盘亏（盈）处理通知单
2014 年 12 月 31 日

经审查确认，2014 年 12 月 31 日盘亏 2 千克 A 材料属于非正常损失，盘亏材料处理如下：保管员负责赔偿 600 元，其余转作营业外支出处理。

总经理：	会计：	主管会计：
2014.12.31	2014.12.31	2014.12.31

图 7-58 材料盘亏（盈）处理通知单

(33) 31 日，计算本期应交增值税，结转未交增值税。

(34) 31 日，计算本月应缴纳的城市维护建设税和教育费附加，并填写表 7-6、表 7-7 和表 7-8。

表 7-6 应交城建税计算表
2014 年 12 月 　　　　　　　　　　　　　　　　　　单位：元

计税基数				税率	应交城建税
增值税	营业税	消费税	合计		

表 7-7 应交教育费附加计算表
2014 年 12 月 　　　　　　　　　　　　　　　　　　单位：元

计税基数				税率	应交教育费附加
增值税	营业税	消费税	合计		

表 7-8 应交地方教育费计算表
2014 年 12 月 　　　　　　　　　　　　　　　　　　单位：元

计税基数				税率	应交地方教育费
增值税	营业税	消费税	合计		

（35）31 日，计提本月房产税、城镇土地使用税和车船税，并填写表 7-9、表 7-10 和表 7-11 所示。

表 7-9 房产税计算表
2014 年 12 月 31 日 　　　　　　　　　　　　　　　　单位：元

房产类型	房产原值	减除比例	租金收入	适用税率	全年应提税额	备注
生产用房						
管理用房						
仓库						
	合计					

表 7–10　城镇土地使用税计算表

2014 年 12 月 31 日　　　　　　　　　　　　　　　单位：元

面积（平方米）	土地等级	适用税率（元）	全年应提税额	备注
1000	一级			
500	二级			
200	三级			
100	七级			
合计				

表 7–11　车船税计算表

2014 年 12 月 31 日　　　　　　　　　　　　　　　单位：元

车船类别	数量（辆或吨）	适用税率（元）	全年应提税额	备注
小轿车				
中型客车				
大型客车				
载货汽车				
合计				

（36）31 日，结转损益账户。

（37）31 日，计算所得税。

假设除题目中所涉及资料外无其他需调整事项。

三、学习要求

（1）根据上述资料，进行企业相关账务处理；

（2）计算企业应交各项税费；

（3）进行增值税、营业税、城建税、教育费附加、地方教育费和企业所得税、个人所得税的书面纳税申报；

（4）在模拟教学环境中进行网络纳税申报。

参 考 资 源

1. 国家税务局网站，www.chinatax.gov.cn.

2. 中华人民共和国财政部会计司网站，www.mof.gov.cn/kjs.

3. 中华会计网校，www.chinaacc.com.

4. 东奥会计在线，http：//www.dongao.com/.